I0814953

Cómo comunicas, define cómo te conectas.

¿Eres un...

MOTIVADOR
RETADOR
COMANDANTE
SANADOR
PROFESOR
VISIONARIO
MAVEN?

Las frecuencias son el lenguaje oculto de la conexión humana.

Erwin Raphael McManus es un orador y autor mundialmente reconocido que ha pasado más de 45 años estudiando la conducta humana y el arte de la comunicación. Ha hablado ante millones de personas en más de 100 países.

Mediante su vasta experiencia y exploración personal, sintetizó la comunicación humana en un sistema de siete frecuencias únicas.

Comprender las siete frecuencias revolucionará el modo en que te comunicas con tu audiencia, tus empleados, tus equipos, tu familia y tus seres queridos.

¿Estás listo para descubrir tu frecuencia?

7

LAS SIETE FRECUENCIAS DE LA COMUNICACIÓN

El lenguaje oculto de la conexión humana

ERWIN RAPHAEL MCMANUS

LAS SIETE FRECUENCIAS DE LA COMUNICACIÓN

El lenguaje oculto de la conexión humana

Originally published in English under the title
The Seven Frequencies of Communication:
The Hidden Language of Human Connection,
by The Arena Publishing
a division of The Arena Community, LLC.

Traducción al español por Belmonte Traductores
www.belmontetraductores.com

Edición: Henry Tejada Portales

ISBN: 979-8-88769-369-9
eBook ISBN: 979-8-88769-370-5
Impreso en los Estados Unidos de América

Whitaker House
1030 Hunt Valley Circle
New Kensington, PA 15068
www.espanolwh.com

Por favor, envíe sugerencias sobre este libro a: comentarios@whitakerhouse.com

1 2 3 4 5 6 7 8 9 10 11 LLJ 32 31 30 29 28 27 26 25

Este libro está dedicado a mi hijo, amigo
y socio de negocios, Aaron Christopher McManus;
y a todas las voces emergentes que nos conducirán
hacia el futuro.

ÍNDICE

ABRACADABRA

Las palabras son mágicas

Las palabras son mágicas. Las palabras están tan cerca de la alquimia como nunca llegaremos a estar. Imagina por un momento que pudieras conseguir un superpoder que te permitiera abandonar tu cuerpo y viajar libremente en el tiempo y el espacio. Imagina si pudieras trascender las limitaciones de tu ser material y volver a materializarte en la consciencia de otro ser humano. Eso es exactamente lo que las palabras nos permiten hacer.

Mis palabras están llenas de mis pensamientos e ideas, de mis pasiones y deseos; incluso de mi alma. Las palabras viajan más allá de mi carne y mis huesos y recorren cómodamente el espacio que hay entre nosotros. Llevan en ellas la fuerza y el poder de tener significado y explotar en el interior de la consciencia de otro ser humano como si fuera una reacción atómica. Las palabras forman frases. Las frases forman párrafos. Los párrafos forman capítulos. Los capítulos forman historias. Las historias forman seres humanos.

Las palabras nos permiten tocar sin que haya contacto. Tienen el poder de mover masas sin que haya coerción o fuerza física. Las palabras no solo están cargadas de emociones, sino que también las encienden. No sería una exageración decir que las palabras tienen el poder de crear y de destruir. Llevan en ellas nuestras esperanzas y sueños, nuestras ideas e ideales, nuestros temores y dudas. Las palabras cargan nuestro pasado y nuestro futuro. Son el material de todas las grandes historias de amor. Forman la historia desde la cual llegamos a entendernos a nosotros mismos.

Algunos de nosotros tenemos la edad suficiente para recordar el viejo dicho: "Palos y piedras pueden romper mis huesos, pero las palabras nunca podrán hacerme daño". Incluso cuando éramos niños sabíamos que eso no era cierto. Un hueso roto se cura. Las palabras, por otro lado, pueden dejar un daño permanente. Las palabras —o más concretamente las palabras que decimos— son nuestra mayor fuente de poder. Palos y piedras palidecen en comparación con el poder de la crítica o el ánimo.

EL PODER DE CREAR

"Abracadabra" es el encantamiento que pronuncia el mago cuando busca cambiar la realidad. Su uso más temprano registrado fue el del erudito romano Quintus Serenus Sammonicus en el segundo siglo. Era conocido por su pasión por el lenguaje. Nos dijeron que su biblioteca personal estaba formada por unos sesenta mil volúmenes. Él creía que el término "abracadabra" tenía poderes medicinales. Era a la vez un erudito y médico que mezclaba de modo extraño magia y medicina. Sería fácil descartar su trabajo considerándolo mágico y no médico. Al fin y al cabo, él creía que pronunciar una frase sobre un ser humano podía protegerlo de enfermedad y lograr que recuperara la salud.

Aunque el origen de la palabra "abracadabra" sigue siendo desconocido, hay varias etimologías populares relacionadas con esa expresión y su inicio. El término "abracadabra" tiene una similitud asombrosa con el término hebreo "ebra k´dabri", que se traduce como "crearé mientras declaro". La misma similitud puede verse también en la frase aramea "avra kehdabra", que se traduce como "creo como la palabra".

Sin considerar la etimología de este encantamiento mágico, puede que no haya cultura moldeada más profundamente por esta creencia que el judaísmo. El poder de esta creencia ("Crearé mientras declaro") está engranado claramente en la cultura de los antiguos hebreos. Seiscientos años antes del nacimiento de Cristo, el libro de Génesis establece la psique y las creencias culturales del pueblo hebreo. El primer capítulo de Génesis establece el marco para todo lo que tiene que existir.

La frase recurrente en el primer capítulo de Génesis está construida en torno a tres palabras: "Y dijo Dios…". Todo lo que existe procede de lo que se declara. Las palabras declaradas crean la realidad que llegará. Creer en el Dios de los hebreos es creer en que Él hizo existir todas las cosas con sus palabras. Es creer que hemos sido creados a imagen de Dios y Él nos ha otorgado esta capacidad tan creativa. En virtud de tu naturaleza, también tú puedes dar existencia a la realidad con tus palabras. Significa algo más que decir "abracadabra". Aun así, la persona que domina sus palabras carga en ellas el poder de crear lo que existe solamente en su imaginación.

ENCUENTRA TU VOZ

Creer en el poder del antiguo término "abracadabra" puede ser un gran salto intelectual, pero hay frases que ya has descubierto que tienen más poder del que podríamos imaginar:

Te amo.
Tú importas.
Puedes hacer eso.
Creo en ti.

Si estas frases pudieran describirse como una bendición, también están las que no son nada menos que una maldición:

Nadie te amará nunca.
Nunca llegarás a nada.
Eres un inútil.
Eres un fracaso.

No hay ni uno solo de nosotros que haya escapado al poder de las palabras declaradas en nuestras vidas. Si las palabras no tienen un poder mágico, entonces indudablemente tienen un poder metafísico. Dentro de nuestras palabras tenemos el poder de la vida y de la muerte. Las primeras palabras declaradas en el libro de Génesis son: "Sea la luz". También parece que nosotros tenemos el poder de crear oscuridad o luz, si no en el mundo que nos rodea, indudablemente en nuestro mundo interior. Puede que no sea una exageración decir que somos la suma total de las palabras que han sido declaradas sobre nosotros y que nosotros hemos permitido que nos definan.

Si "abracadabra" te parece una palabra absurda, podría ser bueno recordar que todas las palabras son sonidos a los cuales atribuimos significado. El lenguaje es una cascada de experiencias sensoriales que se traducen no solamente en significado, sino también en emoción y esencia. "Te amo", quizá la frase de dos palabras más poderosa en el lenguaje humano, no tiene ningún significado cuando no conlleva ninguna emoción y no proviene de la esencia de una persona.

Los sonidos crean palabras. Las palabras crean significado. El significado crea comunicación. La comunicación crea conexión. La conexión crea comunidad. La comunidad crea humanidad. La humanidad crea el futuro. El futuro comienza con un sonido.

Encontramos ecos de eso en el relato épico de Frank Herbert, *Dune,* escrito en 1965, pero que nos remonta a la consciencia social en las recientes películas dirigidas por Denis Villeneuve. En la historia de Herbert hay una casta de personas conocida como Bene Gesserit. Ellos tenían una profecía mesiánica y eran conocidos por sus poderes de clarividencia. Ejecutaban un poder conocido como "la Voz" que esclavizaba a los demás a sus mandatos. Los poderes únicos que tenía el joven salvador Paul Atreides en su interior solamente emergerían cuando él encontrara su voz. Su viaje era su capacidad para dominar "la Voz". Si tú puedes encontrar tu voz, encontrarás tu poder.

LAS PALABRAS NOS CAMBIAN

En 2004, un libro titulado *Los mensajes ocultos del agua* se convirtió en un éxito de ventas del New York Times. Lo escribió un emprendedor y pseudocientífico japonés llamado Masaru

Emoto. Emoto afirmaba tener prueba científica de que la cristalización del agua cambiaba físicamente según lo que se declaraba al agua. Aportó interminables fotografías que mostraban el fenómeno de la cristalización única y singular del agua formada por las palabras que se declaraban.

La teoría era que las palabras de afirmación creaban una cristalización hermosa. Las palabras que eran degradantes y negativas creaban patrones de cristalización deformes y desagradables. Él también describió un experimento más concreto hablando a botes de arroz. Afirmaba que cuando se declaraban palabras de afirmación al arroz, este fermentaba. Cuando se declaraban palabras degradantes al arroz, utilizando lenguaje de menosprecio, el arroz entonces se pudría.

Recuerdo claramente la primera vez que asistí a una conferencia TED hace más de veinte años atrás. Conocí a alguien que había lanzado una empresa de agua embotellada en la que cada botella de agua recibía palabras de amor y afirmación. Debo admitir que pensé que el concepto era muy extraño. Ahora me pregunto si esta empresa fue fundada directamente como respuesta al trabajo de Masaru Emoto.

No sé si declarar afirmaciones hace que la cristalización del agua sea más hermosa; lo que sí sé es que materializa un efecto hermoso en el espíritu humano. No sé si decirle a un bote de arroz que es un necio hará que se pudra. Lo que sí sé es que si le decimos a un niño que es un inútil, eso le carcomerá por dentro. Si nuestras palabras pueden cambiar el agua no tiene prácticamente ningún significado para el paisaje social de la historia humana. Si nuestras palabras nos cambian a nosotros, eso lo cambia todo.

LAS HISTORIAS QUE NOS CONTAMOS A NOSOTROS MISMOS

No es la capacidad singular que los humanos tenemos para comunicarnos lo que nos hace únicos. De hecho, es precisamente lo contrario. Todas las especies tienen una capacidad única de comunicarse entre ellos. Lo que separa a los humanos es la complejidad de nuestra comunicación. Es aquí donde el arte de la comunicación es una experiencia profundamente humana. La comunicación humana va mucho más allá de la necesidad funcional de transferir información. Somos la especie de la cual han surgido poetas. No es suficiente compartir nuestras ideas; debemos compartir nuestras almas. Nosotros somos la especie de los matices, del humor, la sátira, el sarcasmo y el engaño. El lenguaje es nuestro vehículo. La comunicación es nuestro oxígeno.

No creo que sea fortuito que la etimología de la palabra comunicación sea la misma que de comunidad y comunión. Cuando la comunicación conecta profundamente, creamos comunidad. Cuando la comunicación pasa a los niveles más profundos de intimidad y cercanía, creamos comunión.

Los narradores siempre han moldeado nuestra perspectiva de la realidad. En las historias que nos contamos los unos a los otros es donde llegamos a conocer quiénes somos como individuos y también como tribu. Es en las historias que nos contamos a nosotros mismos donde encontramos nuestra identidad de manera más poderosa y profundamente arraigada. La historia no es recordada por la realidad. La historia es recordada por la narrativa. Ni siquiera te conoces a ti mismo lejos de la historia que crees sobre quién eres.

Sin intentar realizar una autopsia a un ser vivo, nuestra necesidad inherente de relato puede que esté arraigada en nuestra neurología. Nuestro cerebro parece incapaz de narrar una emoción sin una historia que la acompañe, y por eso a mendo nos resulta prácticamente imposible extraer una emoción negativa. Tratamos la emoción como si fuera una entidad singular aislada que existe en nuestro interior. Las emociones no existen en un vacío.

No se puede cambiar una emoción si no se cambia el relato que le da vida. La narrativa protege y sostiene la emoción. La narrativa asegura que la emoción siga siendo parte de nosotros. Si queremos cambiar una emoción, debemos estar dispuestos a cambiar el relato. Quiénes somos está arraigado en las historias que nos contamos a nosotros mismos. Si queremos elevar nuestros mundos interiores, debemos elevar nuestra historia.

Por ese motivo, el narrador es el personaje más poderoso en la historia humana. Nos cuenta una historia que no hemos sido capaces de contarnos a nosotros mismos. Cuando un narrador nos da un mensaje de esperanza, puede sacarnos de nuestra desesperación. Cuando un narrador nos da un mensaje de amor, puede salvarnos de nuestro autodesprecio. Cuando un narrador nos da un mensaje de fe, encontramos la valentía para elevarnos por encima de nuestros propios temores. Quien cuente la mejor historia crea el futuro. Todo esto para decir que el futuro pertenece a los comunicadores.

UN ANHELO DE SER ESCUCHADO

También hay aquí un relato aleccionador al que deberíamos prestar atención. Las historias más poderosas son las que pasan la prueba del tiempo; sin embargo, como con la mayoría de las cosas en la vida, hay una excepción. Una mentira bien contada puede tener más poder que una verdad mal expresada. Si estás comprometido a decir la verdad, entonces debes estar igualmente comprometido a declararla poderosamente. Un mensaje está a merced del vehículo que lo comunica al mundo. Si tienes en tu interior un sueño, una visión, una idea o un futuro cuyo momento ha llegado, debes convertirte en un maestro narrador.

Un maestro narrador es la persona que ha sido la primera en ser consumida por la historia que relata. El maestro narrador simplemente comparte contigo la historia que lo ha consumido. La historia no es simplemente algo que comparte; la historia es quién es él o ella en lo más profundo de su ser. La relevancia de un maestro narrador es la autenticidad. El matiz de esa relevancia es la frecuencia.

Mi primer encuentro con las frecuencias de la comunicación no tuvo nada que ver con la comunicación humana, sino con una ballena. En algún lugar en las profundidades de las aguas del Pacífico Norte, una ballena deambulaba en solitario. El oceanógrafo Bill Watkins oyó por primera vez su extraña voz en 1989 y su misterioso canto de ballena persiguió a los investigadores marinos por años.

La típica ballena azul emite un sonido a una frecuencia muy baja, entre 10 y 40 hercios, pero el sonido de ballena que grabó Watkins tenía un tono mucho más elevado.

Tras doce años de observación, científicos marinos de *Woods Hole Oceanographic Institution* fueron capaces de concluir que el singular e idiosincrásico canto de ballena indudablemente procedía de una sola fuente. Ese sonido no solo era singular, sino que sus patrones de migración también parecían no estar relacionados con la presencia o los movimientos de otras especies de ballena. La frecuencia de la ballena, de 52 hercios, se convirtió en su nombre.

"52 Hertz" viajó por todo el Océano Pacífico en busca de un compañero o de una manada, pero su búsqueda no fue exitosa. Incluso cuando esta ballena estaba cerca de otras ballenas, y en el rango de escucha, las demás eran sordas a su sonido. No podían escuchar su llamada, ni tampoco esta ballena podía escuchar las de las demás. Ninguna ballena en el mundo hablaba en su frecuencia. Décadas después de su descubrimiento, le pusieron el sobrenombre de "la ballena más solitaria del mundo".

Cuando oí por primera vez acerca de "52 Hertz", me identifiqué al instante con esta historia. Había llegado a entender que yo hablaba por naturaleza en otra frecuencia distinta a la que hablaba el resto del mundo que me rodeaba. Mi misión se convirtió en encontrar a quienes oyeran a 52 hercios y asegurarme de que sepan que no están solos en el mundo.

DESATANDO TUS FRECUENCIAS

El corazón y núcleo de la comunicación humana es cuestión de frecuencias. Todos hablamos en una frecuencia única. Todos somos diseñados no solo para la comunicación sino también para la conexión. Sin comunicación no puede establecerse la conexión. Las personas tienen una necesidad intrínseca de ser escuchadas y entendidas. La comunicación es lo que vuelve a conectar a los más solitarios de nosotros con la comunidad. Nadie debería viajar por la vida solo.

Incluso cuando estamos cerca unos de otros, si estamos hablando en la frecuencia equivocada no seremos capaces de escucharnos mutuamente. Estoy absolutamente convencido de que gran parte de la ruptura en la comunicación humana se debe a nuestra creencia de que todo el mundo debería estar en nuestra frecuencia. La clave para una comunicación poderosa es hacer el compromiso y aprender las habilidades para estar en la misma frecuencia que la persona a la que queremos llegar.

Este libro está escrito para quienes comprenden la importancia crítica de la comunicación con la intención de ayudarnos unos a otros a poder dominar nuestras frecuencias únicas y singulares. Somos responsables de las frecuencias que escogemos cuando nos comunicamos. Todo el mundo merece escuchar los mensajes más importantes de sus vidas en una frecuencia con la que se identifiquen.

En los capítulos siguientes desarrollaremos las siete frecuencias de la comunicación. Desglosaremos cada frecuencia de comunicación, su singularidad y su poder. Como la comunicación es inherente a nuestra humanidad, estas frecuencias no son estáticas sino dinámicas. La meta de este proceso es elevar nuestra eficacia en la comunicación identificando primero nuestra frecuencia central y después ampliando nuestra capacidad para tener acceso a otras frecuencias.

ENTRELAZAMIENTO CUÁNTICO

Recientemente he quedado fascinado por el entrelazamiento cuántico. Es un fenómeno que se produce cuando una serie de partículas son generadas, interactúan o comparten proximidad espacial de tal modo que el estado cuántico de cada partícula del grupo no puede describirse independientemente del estado de la otra. Para decirlo en palabras sencillas: cuando dos partículas separadas han interactuado, están conectadas y afectadas mutuamente y para siempre. A nivel humano, esto explicaría por qué una experiencia de hace veinticinco años atrás continúa teniendo un efecto presente sobre la persona en la actualidad. Desde una perspectiva científica, o al menos desde el mundo de la mecánica cuántica, ha habido un entrelazamiento con las partículas que son propias de nosotros y las partículas de la persona que encontramos hace décadas atrás. Este entrelazamiento es lo que llamaríamos nuestras relaciones, nuestras experiencias, nuestros recuerdos, y tal vez incluso nuestras heridas. Todos estamos entrelazados los unos con los otros. Todos somos parte de esta complicada red que creamos mediante las palabras que decimos.

Por eso las palabras tienen poder. Las palabras tienen un efecto cuántico. Las palabras pueden inspirarnos. Las palabras pueden elevarnos. Las palabras pueden cambiar la percepción que tenemos de nosotros mismos. Las palabras pueden cambiar nuestras creencias. Las palabras pueden cambiar nuestros sueños. Las palabras pueden moldear nuestro carácter. Las palabras pueden cambiar nuestras vidas. Las palabras pueden cambiar el mundo. Las palabras pueden crear el futuro.

Las palabras son mágicas. *Abracadabra.*

LONGITUD DE ONDA

Presentación de las Siete Frecuencias

He estado casado con la misma persona por más de cuarenta años. Kim y yo nos conocimos cuando ambos teníamos veintidós años y estábamos haciendo nuestras maestrías. Proveníamos de mundos diferentes que tenían muy poco en común. Ella es una muchacha de campo de las montañas de Carolina del Norte, criada por una familia adoptiva en una granja. Yo soy inmigrante de primera generación de El Salvador, que se crio en tres ciudades importantes: San Salvador, Ciudad de Nueva York y Miami.

Veíamos el mundo con lentes divergentes. Nuestras experiencias en la vida estaban casi en completo contraste entre ellas. Éramos extraterrestres de diferentes planetas que tenían que aprender el lenguaje del otro. Cuando eres joven y te enamoras, no piensas en la compatibilidad. Un año después de nuestro matrimonio comenzamos a experimentar la realidad de que estábamos de modo natural (y casi siempre) en diferentes longitudes de onda. Por fortuna, ambos nos considerábamos mutuamente lo bastante valiosos para aprender cómo llegar a la longitud de onda del otro.

Sin comunicación, nuestro matrimonio no habría durado. Yo me he enamorado de Kim mil veces desde la primera vez que nos conocimos. Cada vez que tenemos un avance en la comunicación, tenemos un matrimonio más fuerte y un romance más maravilloso. La comunicación es el acto más íntimo entre dos seres humanos. La comunicación es la competencia singular que trasciende cada arena del desarrollo humano. Ya sea que intentes conectar con una persona o con millones de ellas, tu capacidad para comunicar determinará cuál es tu techo. La clave está en estar en la misma longitud de onda. Este principio se aplica también a nuestros hijos.

Yo trabajo con mis dos hijos en diferentes posiciones. Mi hijo Aaron tiene treinta y tantos años y es el presentador del *podcast Mind Shift* (Cambio de mentalidad), además de fundador de *The Arena Mastermind,* una conferencia que ofrece *coaching* a emprendedores, creativos y creadores de contenido en todo el mundo. Además, es el director creativo de nuestra marca de moda *Ghost Artifacts.* Trabajamos juntos en las áreas de *coaching* personal y empresarial.

Mi hija Mariah tiene poco más de treinta años y comenzó a componer canciones cuando tenía doce años. Ahora es una artista discográfica con el nombre de Riah. Por medio de Mosaic, nuestra comunidad de fe, ella creó un movimiento musical global llamado MSC. MSC firmó un contrato con una importante disquera, y su música la han escuchado millones de personas en todo el mundo.

El éxito de ambos es algo de lo que estoy muy orgulloso, pero no los menciono aquí por eso. Menciono a los dos porque han decidido comprar casas que están a diez minutos de distancia de Kim y yo para mantenernos cerca a medida que compartimos la vida juntos. Tal vez el mayor logro de mi vida es que mis hijos adultos son mis mejores amigos, aunque está claro que tenemos nuestras batallas y nuestros conflictos. La clave para criar hijos que lleguen a ser tus mejores amigos es la comunicación. Aprender a escuchar y aprender a ser escuchado lo es todo. Si tus hijos no se sienten comprendidos, se distanciarán. Ser comprendido es ser visto. Ser visto es ser valorado. Cuando eres escuchado, te sientes valorado y amado. Para fomentar una relación de por vida con una persona que amas tienes que colocarte en su longitud de onda.

SOBRE EL GRAN ESCENARIO

Comienzo aquí porque cuando la gente me pregunta cómo desarrollé mi habilidad de oratoria, siempre se centran en las plataformas masivas y los grandes escenarios. No me malentiendas. Me gusta que el viaje de mi vida me haya conducido a hablar a millones de personas en todo el mundo. Si no hubiera desarrollado mi habilidad para comunicar, nunca habría viajado a casi cien países y seis de los siete continentes. Los escenarios sobre los que he hablado han sido diversos, desde 30 000 personas en Sudamérica, más de 100 000 en Seúl, Corea, una arena para 20 000 personas en Sídney, Australia, y un estadio para 30 000 en Londres, Inglaterra. Algunos de mis eventos favoritos han sido en lugares inesperados como Taipéi, Taiwán, Kuala Lumpur, Malasia, Hong Kong y Singapur. Soy muy consciente de que desarrollar mis dones y habilidades como comunicador me ha abierto el mundo y me ha permitido pararme sobre algunos de los escenarios más influyentes del mundo.

Aun así, el arte de la comunicación no significa pararte sobre un gran escenario. Más frecuentemente significa entrar en las pequeñas salas que son inaccesibles sin tener una invitación. Esas salas me han colocado en un viaje más inesperado aun a las sendas menos transitadas. La llave que abre esas salas es tu habilidad para comunicar al más alto nivel. La habilidad de conectar con personas de todo el mundo y de cualquier faceta de la vida me ha abierto puertas en países inesperados como Siria, Paquistán, Camboya, China, Turquía y Cuba. Una conversación que no olvidaré nunca me llevó a Líbano, donde se me abrió una puerta para reunirme con miembros de Hamás.

Sí, hay otros factores que hicieron posible todo eso, pero sin la habilidad para comunicar al más alto nivel, nada de eso habría ocurrido nunca. Ya sea que quieras salvar tu matrimonio o hacer crecer tu empresa, todo comienza aquí. Al adentrarnos en una exploración de las Siete Frecuencias de la comunicación, espero que podamos estar en la misma longitud de onda.

REPERCUSIÓN

Históricamente, los seres humanos, hemos sido principalmente inconscientes de cómo las frecuencias influyen en nuestro bienestar interior. Un ejemplo más reconocible de cómo nos impactan las frecuencias es mediante el efecto de la música. Cuando oyes una frecuencia particular en la música, eso evoca cierta emoción. Descubres esa conexión entre sonido y emoción en experiencias como la adoración o cuando vas a un concierto. Una balada evoca la emoción del amor perdido. Un himno pude hacerte sentir como si estuvieras listo para enfrentar tu siguiente batalla. Una serenata puede hacerte sentir más romántico. Una orquesta que toca música de Mozart puede evocar una experiencia llena de éxtasis y asombro.

Las frecuencias van más allá de la música. Cuando estás en el bosque escuchando el sonido del agua de un arroyo, la frecuencia calmada de la naturaleza crea una calma en el interior de tu propia alma. La intensa frecuencia creada en el tráfico de la hora pico, cuando convergen cientos de sonidos diferentes y forman ruido, puede crear ansiedad e incluso enojo en tu interior.

Ninguna frecuencia se compara en poder con la comunicación humana. He estudiado por muchos años cómo la comunicación conecta y desconecta. Una frecuencia que atrae la atención de una persona puede desalentar la atención de otra. Dicho con sencillez, una frecuencia de comunicación es cómo transmitimos nuestros pensamientos, nuestros sentimientos y nuestra esencia mediante la palabra hablada.

¿Alguna vez un amigo te dijo: "Tienes que escuchar a este orador, pues cambió mi vida y cambiará también la tuya", y cuando escuchaste a ese mismo orador no sentiste ninguna conexión? O tal vez oíste a alguien compartir algo con lo que te identificaste totalmente. Fue tan conmovedor, tan poderoso y tan transformador que invitaste a tus amigos a escucharlo, pero ellos no tuvieron la misma experiencia.

El modo en que un comunicador comparte su mensaje determina su repercusión tanto como las palabras que pronuncia.

Nosotros aceptaremos y recibiremos su mensaje con más facilidad si su frecuencia se identifica con la nuestra. Si su frecuencia no conecta con nosotros, su mensaje no será aceptado. Incluso si el mensaje es verdad. Incluso si el mensaje es importante. Incluso si el mensaje es esencial para nuestras vidas. La frecuencia debe conectar para que el mensaje se afiance.

LAS SIETE FRECUENCIAS

Juntos, vamos a examinar las Siete Frecuencias de la comunicación. Aquí elevaremos el lenguaje oculto de la conexión humana. Los seres humanos somos criaturas complejas, y somos dinámicas y no estáticas. Nunca debemos limitar la capacidad única de los humanos de crecer y desarrollarse. Ningún sistema o marco puede captar por completo todo lo que somos como especie. Todos somos más que cualquier descripción de nosotros.

Entendiendo eso, también sabemos que tenemos patrones y longitudes de onda dominantes que nos describen bien y que pueden darnos una perspectiva muy valiosa para el crecimiento personal. Lo que yo he resumido tras cuarenta y cinco años de estudiar la conducta y los patrones de comunicación humanos ha dado como resultado un sistema de siete frecuencias claramente humanas. Profundizaremos en cada frecuencia en los capítulos siguientes.

Ahora, permíteme presentarte cada frecuencia con una breve descripción. Estoy seguro de que reconocerás la mayoría de ellas, o quizá todas:

FRECUENCIA 1: *El Motivador*

La frecuencia del *Motivador* transmite energía e infunde confianza en uno mismo.

FRECUENCIA 2: *El Retador*

La frecuencia del *Retador* transmite valentía y despierta el llamado.

FRECUENCIA 3: *El Comandante*

La frecuencia del *Comandante* transmite confianza y proporciona dirección.

FRECUENCIA 4: *El Sanador*

La frecuencia del *Sanador* transmite aceptación y muestra plenitud.

FRECUENCIA 5: *El Profesor*

La frecuencia del *Profesor* transmite conocimiento y asegura la competencia.

FRECUENCIA 6: *El Visionario*

La frecuencia del *Visionario* transmite visión y genera innovación.

FRECUENCIA 7: *El Maven*

La frecuencia del *Maven* transmite una nueva realidad y crea cambios de paradigma.

Al final de este libro habrás iniciado tu viaje para:

- comprender las siete diferentes frecuencias de la comunicación;
- identificar tu frecuencia de comunicación dominante;
- descubrir qué frecuencias se identifican de modo natural con el núcleo de tu esencia;
- desbloquear las frecuencias esenciales para hacer que tu audiencia se identifique con tu mensaje particular.

FRECUENCIA DOMINANTE

Cada uno de nosotros tiene una frecuencia dominante que sirve como el fundamento de nuestra comunicación. También puede describirse como nuestra frecuencia principal. Usaremos las dos palabras a lo largo del libro. Tu frecuencia dominante o principal es la frecuencia que más utilizas y que expresa tu yo más auténtico. Es la frecuencia que usas cuando no sabes que estás usando una frecuencia.

Los grandes comunicadores desarrollan múltiples frecuencias dinámicas a las que acceden libre y fácilmente. Muchos líderes que se comunican a menudo con sus equipos o colegas comprobarán que han desarrollado un grupo de dos o tres frecuencias distintas que trabajan en conjunto de manera única. Es crucial reconocer qué frecuencias son más innatas para ti y cuáles podrías necesitar desarrollar más.

Estoy totalmente seguro de que tienes por lo menos una frecuencia de comunicación dominante y que esa frecuencia singular es tu voz central y principal.

DESATA TU FRECUENCIA

Si te gustaría profundizar en este tema, te animo a que hagas una pausa en este momento y visites www.thesevenfrequencies.com. Es una página en inglés que te permitirá tomar la evaluación de las siete frecuencias con el beneficio de saber cuál es tu frecuencia dominante. Siempre será cierto que el conocimiento de uno mismo es el inicio del crecimiento personal y del desarrollo de liderazgo.

EL EDIFICIO ESTÁ EN LLAMAS

Todos queremos conectar con alguien. Además de eso, todos necesitamos conectar con alguien. Todos tenemos un mensaje que necesitamos comunicar. En un momento, tu mensaje podría ser tan claro como: "Hay que evacuar ahora, el edificio está en llamas". En otro momento, tu mensaje podría ser tan complejo como: "Tenemos que despedirte de la empresa" o "Creo que deberíamos ser solamente amigos".

Tu mensaje usará tu frecuencia para conectar con quien te escucha. Debes decidir qué frecuencia servirá mejor a tu mensaje para que tú puedas servir mejor a quien te escucha. La comunicación eficaz a menudo requiere una mezcla de múltiples frecuencias. Comprender esas frecuencias y acceder a ellas puede mejorar tu habilidad para conectar con los demás y liderar con eficacia. Puedes adaptar tus distintas situaciones y audiencias cultivando una consciencia de tus propias fortalezas y áreas de crecimiento. La flexibilidad para movernos entre frecuencias no solo mejora la comunicación, sino también construye confianza y seguridad en tu oyente.

COMUNICAR ES LIDERAR

Las Siete Frecuencias actúan a menudo en consonancia unas con otras. Las frecuencias se complementan unas a otras de maneras únicas. Tu frecuencia no ha de ser una versión estática de ti mismo. Eres más que una frecuencia. Puede que estés atrapado en una frecuencia y todas las demás estén latentes. Puedo asegurarte que hay por lo menos dos o tres frecuencias a la espera de que tú las llames a mostrarse.

Comunicar es liderar. Cuando lideras, creas un entorno y una cultura únicos. A medida que utilizas las Siete Frecuencias, imagina diferentes escenarios a los que te enfrentas a menudo y que podrían mejorar por una frecuencia u otra.

Espero que llegues al punto en que tengas a tu alcance cada frecuencia que necesites. Puedes leer a tu audiencia y saber qué frecuencias necesitan para que puedan conectar más poderosamente con las ideas, la visión o la verdad que cambiará sus vidas.

UN ARTE Y UNA CIENCIA

La belleza de las Siete Frecuencias es que son una experiencia humana que inunda cada aspecto de nuestras vidas. No son algo que adoptamos o hacemos; son una extensión de quiénes somos como individuos únicos. Esto significa que la aplicación para las siete frecuencias es tan vasta y variada como la experiencia humana. Comprender las frecuencias cambiará el modo en que hablas a tu cónyuge y a tus hijos, sin mencionar tu modo de escuchar. Cambiará el modo en que te comunicas con tus equipos y con tus amigos. Cambiará el modo en que hablas tras puertas cerradas y cómo hablas sobre los escenarios más grandes. Los mayores comunicadores del mundo comprenden que la comunicación es a la vez un arte y una ciencia. Si estás comprometido a hacer posibles las conexiones humanas más profundas, entonces comencemos el viaje para descubrir el lenguaje oculto de la conexión humana.

MOTIVADOR

TEMAS
Alentador – Entusiasta – Inspirador

SEGUIDORES
La gente te escucha porque los haces sentirse bien con la vida y consigo mismos.

PUNTO DE VISTA
"Las personas necesitan que yo las levante".

MOTIVACIÓN
"¡Debo llevar energía a la sala!".

MARCADOR
¿Te miran los demás a ti para encontrar ánimo?

DINÁMICA
Identificación

GRAN NECESIDAD
Creer en uno mismo

NECESIDAD BÁSICA
Energía

ÍCONO
Steve Ballmer

COLOR
Tostado

CULTURA CREADA
Positiva – Optimista

www.thesevenfrequencies.com

FRECUENCIA 1

Motivador

Cinco de nosotros decidimos nadar desde la orilla hasta la pequeña isla, que apenas si se veía desde el horizonte.

Todos éramos buenos nadadores y estábamos en lo mejor de nuestra juventud. El agua parecía bastante en calma desde la orilla y el recorrido a nado bastante fácil. Cuando empezamos a nadar hacia la isla, las aguas comenzaron a intensificar su fuerza y rápidamente fue más desafiante de lo que esperábamos.

Descubrimos que Natán era el nadador más débil entre nosotros cuando comenzó a quedarse atrás y cansarse.

Al principio estábamos tan enfocados en la playa de la isla, que no nos dimos cuenta de que él iba más retrasado y batallaba por mantenerse a flote.

Viviana, a quien llamábamos Viv, era la mejor nadadora del grupo.

Ella observó que Natán comenzaba a tener que esforzarse mucho y se quedaba atrás con respecto al grupo.

Viv fue nadando en sentido contrario contra corriente hasta que llegó a su altura.

No intentó salvar a Natán colocándolo de espaldas y llevándolo hasta la orilla.

Ella simplemente comenzó a nadar a su lado, un poco por delante de él. Era casi como si lo estuviera impulsando a avanzar con la fuerza de sus brazadas.

Algunas veces simplemente lo guiaba dándole ánimo con cada brazada.

"Izquierda, derecha, izquierda, derecha".

Otras veces le recordaba que él tenía más capacidad de la que pensaba.

Le decía una y otra vez: "Tú puedes hacerlo".

"Ya lo tienes".

"Estás hecho para esto".

"¡Respira! ¡Brazada! ¡Pelea! ¡Ya lo tienes!".

Ella le infundió ánimo e intensidad a Natán.

No sé si él podría haber llegado a la playa sin ella.

Viv fue uno de los ejemplos más poderosos del Motivador que he visto nunca.

TODO EL MUNDO NECESITA MOTIVACIÓN

El Motivador es la primera frecuencia de la comunicación que quiero presentar. Comienzo aquí porque estoy convencido de que los motivadores son los más populares. Nos gustan los motivadores porque siempre están ahí para ayudarnos. Cuando un motivador habla, su frecuencia entra en nosotros y eleva nuestra fe en nosotros mismos. Un Motivador nos ayuda a encontrar energía y fuerza que no sabíamos que teníamos.

Si el Motivador es tu frecuencia central, eres impulsado a alentar a la gente. Tienes un profundo sentido de responsabilidad de elevar el nivel de energía, emoción y cultura de la sala. Las personas son atraídas a los Motivadores porque les hacen sentirse optimistas acerca de la vida y de sí mismos. El Motivador levanta constantemente a las personas.

A menudo, en las grandes historias el compinche tiene la frecuencia del Motivador. Piensa en Samsagaz Gamyi de *El señor de los anillos* o en Neil Fak de *El oso*. Para mí, el motivador más icónico en la cultura pop sería el personaje de John Keating de *La sociedad de los poetas muertos*. Keating, interpretado por Robin Williams, era el maestro que alteró de modo drástico las vidas de sus alumnos utilizando la poesía como una puerta para aprovechar el tiempo.

Cuando yo era pequeño, batallaba en la escuela a menudo. Tenía dificultad para prestar atención o concentrarme en una asignatura que consideraba poco importante. Cuando tuve como maestro a un motivador, todo cambió. Tal vez has tenido esa misma experiencia. Un motivador puede hacerte sentir emocionado por cualquier tema, incluso si no está en tu campo de interés. De repente te das cuenta de que no solo estás en una clase de matemáticas; estás en una clase motivacional en vivo. Los motivadores toman cualquier tema y lo convierten en una oportunidad para cambiar el modo en que nos relacionamos con la vida.

Toda mi vida he estado agradecido por los diferentes motivadores que he conocido. Uno de mis mejores amigos es Jon Gordon, que ha escrito más de treinta libros y es uno de los oradores más populares en América. Su libro éxito de ventas internacional, *El bus de la energía*, habla sobre utilizar el poder de la energía positiva para transformar nuestra vida. Para mí, él es la descripción perfecta del Motivador.

Otra amiga mía que personifica al Motivador es Angela Davis. La conocí cuando ella era la entrenadora de celebridades de élite para SoulCycle. Angela es una campeona mundial de velocidad y deportista de toda la vida, pero su mayor talento es cambiar la energía en una sala y llamar a las personas a creer que pueden hacer más.

Hemos colaborado a menudo. Ella escuchaba mis charlas, captaba algunas ideas y las usaba en sus clases. Cuando la escuché compartir mis ideas y pensamientos mediante sus dones como motivadora, pensé: "Sé que dije eso, ¡pero no de ese modo!". La energía motivacional de Angela transformó ideas sencillas en potentes llamados a la acción.

Aunque yo no tenía la capacidad física para sobrevivir a una sesión de entrenamiento con ella, sentí el poder de su motivación. Ella gritaba: "¡Da un poco más! ¿Cómo vas a entrar en este momento? Como haces una cosa es como haces todo. ¡Vamos! ¡Sube la intensidad!".

LA TRANSFERENCIA DE ENERGÍA

Todas las frecuencias responden a una necesidad básica y a una necesidad humana elevada. El Motivador habla a la necesidad básica de energía. Los humanos necesitamos un alto nivel de energía para enfrentar los mayores retos de la vida. Durante la pandemia de la COVID-19 muchas personas perdieron su sensación de motivación y energía. El letargo y la apatía lo fueron inundando todo. Yo mismo lo experimenté. Algunos días simplemente no tenía la energía para enfrentar los retos que tenía por delante. Años después, parece que una de las consecuencias en el largo plazo de la cuarentena en ciudades como Los Ángeles es una generación de jóvenes que batallan para encontrar la energía para enfrentar muchos de los retos de la vida diaria. Si alguna vez te has sentido así, necesitas estar cerca de alguien que tenga la frecuencia del Motivador. Cuando eres influido por un Motivador, sientes la transferencia de energía de esa persona a ti.

La necesidad elevada que aborda un Motivador es la confianza en uno mismo. Cuando hablan, de una forma o de otra su confianza en sí mismos se convierte en confianza en ti mismo. Un Motivador usa su influencia para transferirte su convicción y su energía.

Si tienes la frecuencia del Motivador, sabes de lo que estoy hablando. Cuando entras en una sala, tú mismo no eres tu prioridad. Tu misión es elevar la sala. Quieres ayudar a cada persona a encontrar valentía. A encontrar fortaleza. A encontrar la voluntad para enfrentar cualquier reto que encuentre.

Me viene a la mente un icono como Steve Ballmer cuando pienso en Motivadores. Siempre puedes encontrar a Ballmer, que es el dueño del equipo de básquet Los Ángeles Clippers, animando desde la banda, aplaudiendo de modo incontrolable como si fuera un niño de doce años que lo está pasando estupendamente. Él llena la sala con su increíble entusiasmo y positividad. A pesar de años de bajo desempeño de su equipo, la energía contagiosa de Ballmer mantiene a los seguidores y los jugadores llenos de optimismo y esperanza. Ballmer no se ve disminuido por los reveses. Él siempre cree que la temporada en la que ganarán el campeonato está a la vuelta de la esquina.

ENERGÍA POSITIVA

El Motivador cree que las personas siempre necesitan ser alentadas. Lo único que se necesita en la vida para tener éxito es un mejor marco mental. Una actitud mental positiva lo cambia todo para el Motivador. Su mantra es: "Si lo crees, puedes lograrlo". Los Motivadores consideran que es su responsabilidad personal llevar energía a la sala.

Cuando el Motivador es la frecuencia singular de un comunicador, puede dejar al oyente frustrado cuando la motivación no es suficiente. El ánimo del Motivador puede comenzar a sentirse como superficial y alejado de la realidad. El Motivador tal vez no comprende que reconocer un problema no es lo mismo que ser negativo.

Cuando un Motivador se encuentra desalentado, puede pasar a un modo no comunicativo. Incluso los Motivadores necesitan ser motivados. Los entornos negativos pueden ser especialmente tóxicos para aquellos cuya frecuencia principal es el Motivador. Para los Motivadores, la energía es una experiencia de 360 grados. Llevan energía a la sala y necesitan la energía de la sala.

LA CULTURA QUE CREAMOS

Cada frecuencia crea una cultura. La frecuencia dominante en un hogar o un lugar de trabajo dará forma al modo en que se actúa. El Motivador crea una cultura positiva y optimista. No una cultura que vive en negación, sino una que cree en soluciones. Los Motivadores a menudo pueden ser descartados como poco realistas, pero la verdad es que ellos simplemente ven los problemas claramente sin sentirse abrumados por ellos. Ven potencial en las personas, los equipos y en las comunidades para superar cualquier obstáculo.

Otra expresión icónica de un Motivador sería Ted Lasso. Ahora bien, sé lo que algunos estarán pensando. Ted Lasso no es una persona real. Sin embargo, mi respuesta es: ¿o sí lo es? *Ted Lasso* es una de mis series favoritas de todos los tiempos. Me gusta el dilema de un entrenador de fútbol americano universitario que viaja a Inglaterra para convertirse en entrenador de un equipo de fútbol profesional. Él no sabe nada de fútbol, y el dueño del equipo lo lleva allí porque quiere que el equipo fracase. El dueño piensa que como Ted Lasso no sabe nada sobre ese deporte, no sabe nada sobre ganar. Fue un terrible error el que cometió. Descubrimos que Ted Lasso es un Motivador intrínseco y que su frecuencia trasciende tanto el deporte como la cultura.

Aunque no sabe nada del deporte, sabe tanto de la gente que entiende inmediatamente lo que necesita el equipo. En primer lugar, todos necesitan una transferencia de energía. Están en una racha de derrotas. Tienen una mala cultura. Están deprimidos y desalentados. No tienen ningún nivel de confianza en sí mismos, y por eso el tema sobre el cual gira es crear confianza en uno mismo. Coloca un cartel en el vestuario que dice "Cree", pero el equipo sigue en peligro con cada partido porque no cree.

Ted continúa aportando energía positiva a su equipo, y esa transferencia de energía al final comienza a arraigarse y a transformar la cultura. Los Motivadores comprenden que las personas necesitan la energía para abordar grandes retos, pero, más que eso, necesitan un fundamento de confianza en sí mismas. Al final, "Cree" no es tan solo un cartel en una puerta. Está tatuado, tallado y grabado en el corazón de cada jugador.

RETADOR

TEMAS
Persuasor – Exhortador – Confrontador

SEGUIDORES
Las personas escuchan porque les inspiras a ser más y a hacer más.

PUNTO DE VISTA
"Las personas necesitan que resalte lo mejor de ellas".

MOTIVACIÓN
"¡Debo elevar la norma!".

MARCADOR
¿Los demás te ven como alguien que los llama a un estándar más alto?

DINÁMICA
Activación

GRAN NECESIDAD
Mandato

NECESIDAD BÁSICA
Valentía

ÍCONO
Pep Guardiola

COLOR
Carmesí

CULTURA CREADA
Activista – Triunfador

www.thesevenfrequencies.com

FRECUENCIA 2

Retador

Íbamos 32 a 7 en el descanso. Todos los comentaristas del partido anunciaban que el marcador estaría reñido, y si se esperaba que alguno de los equipos ganara, no era el nuestro. Vegas debió estar en un caos absoluto al final del segundo cuarto.

Sería quedarse corto decir que nos sentíamos bastante bien con nosotros mismos. Estábamos bailando como si el partido hubiera finalizado y el veredicto final hubiera sido dictado.

Cuando el entrenador entró en el vestuario, no esperábamos nada menos que adulación y elogios. Al mirar atrás, no sé por qué esperábamos eso.

Lo único que el entrenador parecía recordar de la primera mitad fueron los siete puntos que cedimos y la ofensiva en la que no marcamos.

Comenzó a retarnos para que nos esforcemos por la perfección. Si ya estábamos satisfechos, entonces no había ningún motivo para regresar a esa cancha. Nuestra apatía era el enemigo.

El marcador no importaba. Lo que importaba era nuestro esfuerzo. Su enfoque estaba totalmente centrado en si alcanzábamos nuestro potencial, si optimizábamos nuestra capacidad, si aprovechábamos cada oportunidad.

El otro equipo no era el enemigo, ni tampoco era nuestra competencia. Eran irrelevantes. Lo único que importaba era cómo queríamos ser recordados.

El entrenador nos recordó que nosotros éramos el material del cual están formadas las leyendas. En la segunda mitad nosotros escogeríamos nuestra leyenda. No bastaba con ganar. Él esperaba que diéramos lo mejor hasta el último segundo, hasta nuestro último aliento.

Salimos del vestuario con una intensidad que nos condujo a aplastar a nuestro oponente. Cuando la frecuencia del Retador se introduce en tu sistema, eres hielo y fuego al mismo tiempo.

EL POTENCIAL PARA LA GRANDEZA

El Retador es una frecuencia muy intensa. El Retador vive en un mundo lleno de posibilidades, y las posibilidades siempre son para el desarrollo personal. El Retador ve dónde podríamos mejorar o hacer más. Anhela que haya mejora. El Retador en ocasiones siente una frustración increíble porque otras personas no sienten la misma necesidad que él o ella de mejorar las cosas. Nunca pueden dejar las cosas como están. Nunca pueden dejar las cosas tal como son. No están satisfechos con el *statu quo*. Son alérgicos a la mediocridad.

Irónicamente, muchas de las voces que consideramos oradores motivacionales son en realidad Retadores. Algunos de los Retadores más populares en el mundo de las redes sociales son voces como David Goggins, Tim Grover y Ben Newman.

Si tienes una relación con un Retador, se te ha concedido un regalo estupendo. Él o ella puede ver en ti el potencial para la grandeza, incluso cuando tú mismo no lo ves.

LA OLLA A PRESIÓN

Siempre que el Retador comunica, eleva el ambiente de la sala. A menudo, el Retador construirá una crisis que crea una olla a presión para el cambio. Cree que el crisol y la prueba es donde nos convertimos en la mejor versión de nosotros mismos. Para el Retador no hay crecimiento sin sufrimiento. El dolor es la única prueba del esfuerzo. La frecuencia del Retador puede crear un nivel de intensidad increíble, casi insoportable. El retador siempre buscará la arena donde puedas desarrollarte y fortalecerte.

El retador ve su papel en la vida como ser un catalizador para la mejora. No solo para la mejora incremental; puede pedir una mejora exponencial, radical, intensa, aparentemente imposible. Su creencia se transmite al oyente, y las personas son inspiradas a ser más y hacer más. La perspectiva que tiene el Retador de su relación con el mundo es que las personas necesitan que el Retador resalte lo mejor de ellos. Muchos retadores creen eso debido a las personas en su vida que resaltaron lo mejor de ellos.

ENFRENTA EL RETO

Me fascina ver a retadores juntos en una habitación. Uno de mis amigos que está entre los principales comunicadores del mundo es Ben Newman. Si no conoces a Ben, imagina a Thor, y estarás cerca. Ben es uno de los miembros fundadores de mi *McManus*

Mastermind. Una noche, durante una sesión *Mastermind*, observé una habitación llena de una decena de hombres de alto octanaje, llenos de testosterona y muy competitivos, comenzar a retarse mutuamente en el área de la destreza y la valentía física.

Ben los invitó a todos a entrenar con él la mañana siguiente. Todos habían estado conversando acerca de sus diversas rutinas de entrenamiento, y cada una de ellas era más que impresionante. Cuando Ben comenzó a describir su entrenamiento, algunos de ellos se rindieron enseguida.

Permíteme enumerar cómo se dividía:

- 4:44 de plancha invertida (acostado de espalda, con los pies a 15 centímetros del piso)
- 4:44 de plancha recta
- 250 saltos de tijera
- 250 sentadillas sin peso
- 4x44 elevación de pantorrillas
- 44 flexiones de bíceps con pesas
- 2x44 flexiones sin peso
- 4x44 abdominales
- 4x44 segundos de cardio explosivo
- 4x44 segundos de sentadilla contra la pared

Y entonces finalizas con 500 flexiones.

Algunos de los más valientes escucharon esta lista y de todos modos se apuntaron. Él casi mata a varios de los muchos hombres que he conocido alguna vez. Esa situación fue muy preocupante para mí, ya que él estaba reduciendo el número de hombres que podían estar en mi *Mastermind*.

Ben es un Retador. Su nombre en Instagram es @continuedfight (lucha continua). Si alguna vez te tomas el tiempo para oír sus mensajes sobre obtener un óptimo rendimiento, asegúrate de abrocharte el cinturón primero. Si necesitas una imagen para entender la frecuencia de Retador, imagina tener un suministro ilimitado de Red Bull dentro de tu alma que estás decidido a compartir con el mundo.

Si no conoces mucho sobre fútbol americano, los Miami Dolphins son el único equipo en el fútbol profesional que ha realizado una temporada perfecta. En 1972 los Dolphins no perdieron un solo partido y quedaron invictos, culminando con su victoria en el Supertazón. El año anterior a su temporada perfecta también llegaron hasta el Supertazón, pero perdieron. Recuerdo que hace años atrás mantuve una conversación con alguien que jugaba en los Miami Dolphins.

El jugador me contó que su entrenador, Don Shula, entró al vestuario después de perder el Supertazón y les dijo que quería que recordaran esa sensación. Shula usó el momento posterior a su derrota más devastadora para prepararlos para la temporada más grandiosa de sus vidas y en la historia del fútbol americano profesional.

Esta es la dinámica de la frecuencia del Retador. Utiliza cada oportunidad para resaltar lo mejor en la gente. Ya sea una pérdida o una victoria, un fracaso o un éxito, el Retador simplemente lo ve como el material para mejorar.

LA SOLUCIÓN VALIENTE

Cuando te identificas con el Retador, te sientes inspirado a seguir elevándote y aspirando a más; pero, seamos sinceros: no siempre tenemos ganas de ser retados. La frecuencia del Retador, cuando no es mitigada, puede hacernos sentir que nunca somos suficientes. Su continuo llamado a la grandeza puede dejarte agotado, e incluso crear una sensación de ineptitud. Si tu frecuencia principal es la del Retador, la persona a la que esperas inspirar podría preguntarse en cambio: "¿Estoy haciendo algo bien? ¿Alguna vez me afirmarás? ¿Alguna vez reconocerás todo lo que he logrado?".

Un Retador no cree que necesitemos su afirmación tanto como necesitamos su impulso. La audiencia es una sala llena de brasas y el retador es quien prende el fuego.

El Retador ve que el mundo necesita valentía. Esta es la necesidad básica que el Retador intenta satisfacer mediante la comunicación. El Retador cree que su audiencia podría lograr cualquier cosa si tuviera valentía. Con valentía, podría llevar a cabo cualquier cosa. Las personas podrían cumplir sus sueños. Podrían cumplirse destinos. Cada problema puede resolverse con valentía. Si utilizas la frecuencia del Retador, tu papel es elevar y profundizar la cantidad de valentía a la que el oyente es capaz de acceder para su propia vida. La sala aumenta su valentía cuando tú hablas. Las personas realmente comienzan a crecer en su fe y en su convicción de que pueden hacer cosas difíciles.

DESCALZOS SOBRE BRASAS ENCENDIDAS

La mayor necesidad que satisface la frecuencia del Retador no es simplemente la valentía. Si utilizas esta frecuencia, cuando hablas estás llamando a las personas a un mandato. Creas una sensación de llamar a las personas a su propio destino. Cuando la frecuencia del Retador influye en una audiencia, se encuentran aspirando a más. Obtienen la valentía para vivir su llamado. Comienzan a comprender que son capaces de más. La potente dinámica de la frecuencia del Retador es que los Retadores no solo viven sus propias vidas con valentía, sino que también crean entornos donde otros elevan sus intenciones y aspiraciones.

Conferencistas como Tony Robbins personifican la frecuencia del Retador. Tony ha llegado a ser conocido en todo el mundo por hacer algo más que motivar e inspirar a los demás. Los reta a cambiar. Uno de sus retos más icónicos en sus eventos es caminar descalzo sobre brasas encendidas. La imagen de personas haciendo eso se convirtió en un símbolo de alguien que entra en su intención y su llamado. La influencia de Tony es cuestión de algo más que sentirse valiente. Él reta a otros a personificar la virtud de la valentía.

SOLO LO MEJOR BASTARÁ

Otro icono de la frecuencia del Retador es Pep Guardiola, el director técnico del club de fútbol Manchester City, en la Liga Premier. Al ver el documental *All or Nothing* (Todo o Nada), podemos ver en acción la frecuencia del Retador. Pep reta a su equipo implacablemente, incluso cuando están superando a sus competidores. Él siempre ve dónde pueden mejorar y nunca se conforma con menos que su máximo esfuerzo. Solo lo mejor bastará.

Cada frecuencia crea una cultura. La frecuencia del Retador crea una cultura de activismo y logro. Quienes prosperan en este entorno se convierten en las mejores versiones de sí mismos.

Si encuentras una cultura llena de activistas y triunfadores que siempre empujan el *statu quo* y nunca están satisfechos con la mediocridad, has entrado en una cultura de frecuencia del Retador. Si te identificas con esta frecuencia, prepárate para convertirte en tu mejor versión. Cuando esta frecuencia está en consonancia con tu intención personal, avanzas hacia llegar a ser tu yo más extraordinario.

COMANDANTE

TEMAS
Autoritario – Ejecutor – Directivo

SEGUIDORES
Las personas escuchan porque tienes autoridad y estás a cargo.

PUNTO DE VISTA
"Las personas necesitan que les diga
qué hacer y lo que debe hacerse".

MOTIVACIÓN
"¡Debo mover a la acción a las personas!".

MARCADOR
¿Te miran los demás a ti para que les digas qué hacer?

DINÁMICA
Activación

GRAN NECESIDAD
Dirección

NECESIDAD BÁSICA
Confianza

ÍCONO
Bill Belichick

COLOR
Titanio

CULTURA CREADA
Convicción – Responsabilidad

www.thesevenfrequencies.com

FRECUENCIA 3

Comandante

Él fue callado y modesto durante el resto del viaje. Parecía estar constantemente observando y sopesando cada pequeño detalle mientras viajábamos por el océano.

Solo cuando la tormenta llegó de manera inesperada fue cuando su presencia se volvió innegable y esencial.

Éramos marineros experimentados y endurecidos por años trabajando en barcos con tripulaciones interminables, pero la intensidad de la tormenta nos llenó a todos de temor por nuestras vidas.

El viento nos sacudía de un lado al otro como si fuéramos una muñeca de trapo.

Todas nuestras voces quedaron ahogadas por el viento huracanado excepto la de él. Su voz cortaba el pánico como si fuera un cuchillo caliente a través de la mantequilla. Sus mandatos eran claros y decisivos. No había tiempo para cuestionar o contradecir sus órdenes. Sin tener que decirlo, todos sabíamos que nuestra única posibilidad de supervivencia era prestar atención a sus mandatos con urgencia y sin cuestionarlos. Cada una de sus palabras nos producía claridad y confianza.

En aquellos momentos, él era el amo y comandante. Este es el poder de la frecuencia del Comandante.

EN CONTROL Y A CARGO

La frecuencia del Comandante es la más utilitaria. Esta frecuencia es tan poderosa que hay que utilizarla exactamente en los momentos apropiados y en las situaciones correctas. El Comandante es un autoritario. Por lo general, la gente piensa de un autoritario de manera negativa, como alguien que necesita tener el control. Algunas veces olvidamos que hay momentos en la vida en los que alguien tiene que estar a cargo.

Hay momentos en los que estaremos increíblemente agradecidos cuando alguien tenga la frecuencia del Comandante. Necesitamos Comandantes porque ellos saben exactamente qué es necesario hacer.

CONFÍA Y OBEDECE

Las personas responden a la frecuencia del Comandante porque conlleva autoridad. Otros saben de modo intrínseco que los Comandantes necesitan liderar. Si esta es tu frecuencia dominante, crees que las personas necesitan que les digan qué hacer y lo que debe hacerse.

Alrededor del año 2003 me invitaron a un diálogo con los directores de cine Peter Weir, Peter Werg y James Cameron. Estaban dialogando sobre sus películas, concretamente del uso del agua cuando dirigían. El enfoque estaba en la película de Peter Weir, *Master and Commander* (Capitán de mar y guerra:

La costa más lejana del mundo), protagonizada por Russell Crowe. Estaba ambientada en la era de Napoleón, y presentaba a un comandante a quien le ordenaron perseguir a otro barco en circunstancias casi imposibles.

La historia de *Master and Commander* nos recuerda que si estamos en el mar en medio de una tormenta, necesitamos a alguien que sepa qué hacer. Cuando estás en medio de una zona de batalla, quieres que alguien tenga la autoridad que te conducirá a una victoria decisiva. Cuando estás en medio de una crisis, no quieres a un colaborador o a alguien dedicado a pensar en equipo.

Puedo pensar en varias ocasiones en mi vida cuando la frecuencia del Comandante ha sido increíblemente útil.

Mi esposa Kim y yo teníamos una perra llamada Thatcher. Cuando Thatcher era una cachorra, la llevamos a la casa y no sabíamos nada sobre entrenar perros. Queríamos tener una perra bien entrenada, de modo que contratamos a un entrenador. Yo creía que el entrenador llegaría y entrenaría a nuestra perra, pero el entrenador llegó para entrenarnos a nosotros. Las órdenes que importaban no eran las que el entrenador le daba a Thatcher, sino las que nos dio a Kim y a mí.

Kim y yo adoptamos dos enfoques diferentes. Kim amaba a Thatcher y quería acurrucarla. Yo decidí seguir las instrucciones del entrenador al pie de la letra. Un día, Kim le pidió a Thatcher que caminara y Thatcher se negó a moverse. Cuando yo le ordené a Thatcher que caminara, lo hizo.

Kim dijo: "Crees que lo sabes todo sobre el entrenamiento de perros, pero no sabes nada". Yo respondí: "No, cariño, no sé nada sobre entrenamiento de perros, y por eso estoy haciendo exactamente lo que el entrenador nos dijo".

A veces necesitas reconocer que no sabes qué hacer. No todo debería ser una conversación colaborativa. Yo no tuve que darle mis recomendaciones al entrenador de perros; solamente tenía que escuchar y obedecer. La ironía de esta historia es que mi hermosa esposa tiene como frecuencia principal la del Comandante. De hecho, Thatcher era la única en nuestra casa a la que ella no daba órdenes.

HABLA CON CONVICCIÓN

Hace unos treinta años atrás, Kim y yo fuimos a hacer descenso de ríos en aguas bravas en el *American River*. Era una de las temporadas más intensas en la historia del río. Los rápidos estaban en niveles peligrosos. Nosotros íbamos en una de las últimas balsas antes de que cerraran los viajes por el río.

El guía nos dijo que era su primer viaje en solitario. Aunque se suponía que debíamos quedarnos en la balsa, todos saltaban y nadaban en el agua. El río, al menos durante la primera hora, estuvo en calma. Creo que todos estábamos convencidos de que habían exagerado los posibles peligros que nos aguardaban.

Cuando llegamos a los rápidos, de repente todos se subieron otra vez a la balsa. No sabíamos remar en secuencia, y cada uno hacía lo que le parecía mejor. Vimos una piedra gigantesca adelante y observamos que la golpeó una de las balsas, volcó, y lanzó a todos a los rápidos. Entonces a otro de los botes le pasó lo mismo. Ahora estábamos prestando atención.

Nuestro guía, con su experiencia limitada, tenía que convertirse en el comandante. Acudimos a él, pero mostrábamos más pánico que oídos para escuchar. Sin darse cuenta, él nos había condicionado para que no le escucháramos. No nos hizo rendir cuentas por las órdenes aparentemente insignificantes que nos daba; por lo tanto, no estábamos predispuestos a escucharlo en medio de nuestra crisis.

Él intentó liderarnos. Intentó dirigirnos con seguridad por los rápidos, pero su voz quedaba perdida para nosotros entre el rugido de los rápidos. Remamos directamente hasta la piedra, volcamos y nos lanzó al agua. No estábamos en consonancia con su frecuencia. Lo que necesitábamos era un Comandante.

Cuando la frecuencia del Comandante es fundamental, debe provenir de una fuente confiable. Esto es necesario para que podamos alinearnos rápidamente con la instrucción de un Comandante. Hay ocasiones en las que necesitarás tener acceso a tu frecuencia de Comandante. Mantente en esa autoridad, habla con convicción y claridad, y dile a la gente qué hacer.

HAZ TU TRABAJO

Algunos de nuestros personajes más convincentes y controvertidos en el cine y la televisión tienen la frecuencia del Comandante. Son muy variados, desde Miranda Priestley en *El diablo viste a la moda*; Terence Fletcher, el personaje de JK Simmons en

Whiplash: Música y obsesión; hasta Joffrey Baratheon de *Juego de Tronos*.

Uno de los potentes atributos de los Comandantes es que construyen su autoridad mediante la necesidad básica de la confianza. Por eso, los Comandantes enumerados anteriormente son una editora jefa, un maestro y un rey. Para que un oyente le dé a alguien ese nivel de autoridad en su vida, debe haber un nivel de confianza equivalente. Si las personas desconectan cuando tú intentas acceder a la frecuencia del Comandante, puede que no exista la confianza necesaria. ¿Has intentado alguna vez decirles qué hacer a los hijos de otra persona? ¿Cómo te sentiste al ser ignorado?

El Comandante satisface una elevada necesidad de dirección en nosotros. Las personas necesitan saber qué hacer en cualquier aspecto de su vida, y recibir esa dirección de alguien es una parte fundamental de la comunicación eficaz.

La frecuencia del Comandante crea una cultura en la que las personas siguen con una convicción profunda porque han sentido la autoridad del líder. Uno de los Comandantes del deporte más icónicos y exitosos es Bill Belichick, el exentrenador principal de los Patriotas de Nueva Inglaterra. Como entrenador asistente y entrenador principal, Belichick ha competido en doce Supertazones y ganó ocho de ellos. Su lema de equipo "Haz tu trabajo" es sencillo y potente. No se trata de inspiración y motivación. Belichick quiere que sus jugadores sepan cuál es su papel y lo hagan bien.

En el ejército, la cultura del Comandante es predominante. La película *Top Gun: Maverick* describe muy bien esto. *Iceman,* un almirante de la Marina estadounidense, envía una nota a su viejo amigo Maverick pidiéndole que vaya a su casa. Maverick dice algo como: "No es un buen momento", y entonces *Iceman* responde simplemente: "No es una petición". En el ejército, las órdenes no son peticiones. Esta cultura de convicción está edificada sobre la confianza del rango, la experiencia y la destreza.

HABLA O PONTE EN LA FILA

Los Comandantes piensan en términos de acción. La frecuencia del Comandante habla en taquigrafía, de manera breve. Todo para ellos es logístico. Están moviendo objetos desde el punto A hasta el punto B. Los Comandantes no recomiendan, sugieren o dan a entender. Esta frecuencia es completamente directiva.

El efecto más positivo que tiene la frecuencia del Comandante sobre otros es la claridad y la confianza. El efecto más negativo es la sumisión y el control. Cuando un comunicador solamente utiliza la frecuencia del Comandante, puede cancelar cualquier posibilidad para la aportación y la colaboración.

Es importante recordar que los Comandantes hablan en un lenguaje categórico incluso cuando están sugiriendo. Hasta cuando están pidiendo o preguntando, puede parecer como si estuvieran dando una orden. Los Comandantes pueden estar mucho más abiertos a perspectivas que difieren de lo que comunica su frecuencia.

Aunque no es esencial que un oyente responda a la frecuencia del Comandante con una orden igual, debe responder con igual convicción y confianza. El silencio se interpreta como acuerdo. El

Comandante piensa: "Si tienes un plan mejor, dilo. De lo contrario, ¡ponte en la fila!".

CONFIANZA Y CLARIDAD

Años atrás grabamos un documental con Karen Drijanski, chef y fundadora del restaurante Niddo en Ciudad de México. Disfrutamos por años de comer en Niddo y llegamos a conocer a Karen. Fuera de su cocina, ella es cariñosa y diplomática. Cuando me llevó dentro de su cocina para enseñármela, lo primero que dijo fue: "Aquí, yo soy la comandante". Habló con una sonrisa. "Aquí, yo estoy a cargo. Aquí, yo hablo y todos los demás hacen".

Cuando tienes la frecuencia de Comandante, comprendes que en ciertos entornos debes liderar con autoridad. Un restaurante de estrella Michelin. Una zona de guerra. Tu hijo que se dirige corriendo a la calle. Cualquier lugar donde haya peligro o alarma. Sabes qué hacer y diriges a otros a llevarlo a cabo.

SANADOR

TEMAS
Consejero – Terapeuta – Desarrollador

SEGUIDORES
Las personas escuchan porque las ves
y les ayudas a enfrentar sus heridas.

PUNTO DE VISTA
"Las personas necesitan que las comprenda
y les ayude a entenderse a sí mismas".

MOTIVACIÓN
"¡Debo crear un espacio seguro para que las personas sanen!".

MARCADOR
¿Te miran los demás a ti en busca de empatía y compasión?

DINÁMICA
Entender

GRAN NECESIDAD
Plenitud

NECESIDAD BÁSICA
Aceptación

ÍCONO
Oprah Winfrey

COLOR
Musgo

CULTURA CREADA
Enriquecedora – Terapéutica

www.thesevenfrequencies.com

FRECUENCIA 4

Sanador

Él se sentó en silencio junto a mí sin decir una palabra.

Al principio, yo ni siquiera sabía que estaba ahí. Me había tropezado con esta capilla vacía en algún lugar en los bosques, cerca de mi hogar en Carolina del Norte.

Desde mi perspectiva de quince años de edad, mi mundo acababa de derrumbarse. Mis padres se habían sentado conmigo para decirme que se iban a divorciar.

Sin ser una persona particularmente religiosa, la probabilidad de que me encontrara arrodillado en el altar de una pequeña capilla en mitad de la nada era prácticamente nula. Sin embargo, allí estaba yo. Me avergüenza un poco admitir que lloré a mares hasta que básicamente me quedé sin lágrimas.

En realidad, no tenía ni idea de cómo orar. Estaba allí en silencio intentando darle sentido a la vida. Normalmente, habría parecido bastante extraño que un desconocido estuviera arrodillado cerca de mí sin invitación, pero en cierto modo su presencia era tranquilizadora.

Observé que realmente había dos personas: un padre y su hijo joven. No hablaron hasta que abrí los ojos y miré en dirección a ellos.

Me miraron con compasión e interés, y simplemente preguntaron si había algo que pudieran hacer por mí. Siguió una conversación inesperada. No recuerdo exactamente lo que me dijo el hombre, pues lo único que puedo recordar es cómo me hizo sentir.

Sus palabras fueron como un bálsamo sanador para mi alma. Hablaba el lenguaje que mi alma necesitaba ese día, y me dio las fuerzas para enfrentar el dolor que tenía por delante. Pocas veces he experimentado el poder de la frecuencia del Sanador, pero ese momento ha quedado grabado en mí. No recuerdo su nombre, pero nunca olvidaré el encuentro con él.

EL CONSEJERO

La frecuencia del Sanador es el consejero. Esta frecuencia conecta con las partes quebradas de quiénes somos. Cuando utilizas la frecuencia del Sanador, haces que las personas se sientan vistas. Les ayudas a enfrentar sus heridas. Esta frecuencia personifica la verdad universal de que sin importar quién seas o lo que hayas experimentado, todos tenemos heridas. Algunas heridas son evidentes, y otras heridas están más ocultas. Los Sanadores tienen la capacidad de hablar a las heridas más profundas en nuestra vida que creemos que nadie más puede ver.

Si vives y te comunicas en la frecuencia de un Sanador, crees que las personas necesitan que las comprendas y les ayudes a entenderse a sí mismas. Desde la frecuencia del Sanador transmitiremos más profundamente empatía.

DINÁMICAS MÍSTICAS

Si puedes conectar con la frecuencia del Sanador, puedes dirigir a otros a través de diez mil sesiones de terapia en solo una hora. Puedes ayudar a las personas a procesar su dolor y sus luchas. La motivación principal de un Sanador es iniciar el proceso de sanidad en cada persona que escucha. Tener la frecuencia del Sanador es increíblemente significativo. No puedo exagerar el valor de los Sanadores en el mundo actualmente.

Se usa a menudo la terapia para ayudar a alguien a desentrañar e identificar sus heridas. Muchas personas que hacen terapia comprueban que es una de las mejores experiencias de su vida porque pueden conversar acerca de esas heridas y procesarlas. Una de las dinámicas espirituales de esta frecuencia es que un Sanador no tiene que conocer a una persona ni entablar un diálogo con ella para influenciarla. El Sanador es, de alguna manera, capaz de comunicarse de tal forma que puede llegar a un desconocido y conectar con la parte más profunda de quién es. Sus palabras llegan a las partes más remotas del alma del oyente. Al comunicarse con esta frecuencia, el Sanador es capaz de comenzar a llevar sanidad a las vidas de las personas.

TÚ NO ERES TUS HERIDAS

La necesidad básica a la que habla el Sanador es la aceptación. Comprende que todo ser humano necesita, sobre todo y en primer lugar, sentirse aceptado por quién es sin importar lo que haya atravesado.

Este es el regalo que comunica la frecuencia del Sanador. Aceptación en tu quebranto. Aceptación en tus heridas. Aceptación en tu imperfección. Un receptor de la frecuencia del Sanador siente aceptación absoluta por quién es o dónde está.

Cuando la frecuencia del Sanador comienza a penetrar en el alma de otra persona, la aceptación del Sanador abre la puerta para que él o ella comience a aceptarse a sí mismo. Muchas veces el proceso de sanidad comienza cuando comprendes que tú no eres tus heridas.

La frecuencia del Sanador se eleva cuando un comunicador comienza a hablar a nuestra profunda necesidad de plenitud. Una de las cosas peculiares en individuos que actúan en este nivel de frecuencia es que ven el mundo entero como algo quebrantado. Creen que es necesario que cada ser humano comience a enfrentar su quebranto. Quieren que otros reconozcan sus heridas y comiencen el proceso necesario para avanzar hacia la sanidad y plenitud en su vida.

PULSA LA HERIDA

Cuando hablas con la frecuencia del Sanador, puedes mover a las personas a un nivel de vulnerabilidad casi incómodo. Puede que alguien no entró en una sala pensando en sus heridas. Tal vez estén ocultando sus luchas personales o su quebranto. Nada de eso importa. En el momento que tú comienzas a hablar, todo eso sale a la superficie.

Tengo los años suficientes para recordar cuando Oprah apareció por primera vez. El contraste de la televisión diurna de

Oprah era Phil Donahue. El programa *The Phil Donahue Show* se apoyaba en la controversia. Destacaba lo peor de las personas y lo mostraba, y a América le gustaba mucho observarlo. La cultura que se creó por esa narrativa televisiva era tóxica y destructiva para el espíritu humano.

Llegó Oprah y, de repente, fue en contra de toda esa programación. Ella se centró en lo que estaba bien en la gente en lugar de lo que estaba mal. Oprah no destacaba lo peor de la humanidad para atraer más televidentes. Comenzó a crear una conversación que comunicaba que todos podíamos ser sanados y llegar a experimentar plenitud. Todos podíamos estar conectados y avanzar hacia la cooperación, la colaboración y la comunidad. Oprah utiliza su plataforma para producir sanidad en lugar de simplemente pulsar las heridas.

PERMISO PARA ESTAR QUEBRANTADO

Hay diferentes personas que utilizan esta frecuencia tan poderosa para crear el espacio terapéutico de consejería que todos necesitamos. Pienso en Mel Robbins, que es probablemente la conferencista más solicitada en Estados Unidos. Aunque Mel a menudo desafía a las personas y las llama a dar más, lo que Mel hace en realidad a menudo es compartir acerca de su propia ansiedad y estrés. Mediante su experiencia ayuda a las personas a entender cómo ella ha desarrollado diferentes estructuras y tácticas para avanzar hacia la mejor expresión de sí misma. Mel nos da permiso para estar quebrantados y entonces nos indica una senda hacia ser sanados.

Veo esta misma clase de dinámica en Simon Sinek, un brillante autor y conferencista sobre liderazgo organizativo. Él comunica en varias frecuencias, pero su frecuencia dominante proviene de su intención de hablarnos en nuestro quebranto. No solo el quebranto de un individuo, sino también el quebranto de una organización. Él descompone empresas e instituciones y lidia con sus heridas profundas sin crítica ni juicio.

Esa es una de las cosas interesantes acerca de los Sanadores: de algún modo son capaces de vernos en nuestro peor momento y aun así relacionarse con nosotros sin juzgar. Simplemente llevan luz a nuestro quebranto y oscuridad, de modo que podamos ser libres de ellos, pero no para que nos sintamos criticados y juzgados.

NO HAY INTIMIDAD SIN VULNERABILIDAD

Jay Shetty era un monje budista que ahora es conferencista motivacional. Cuando escucho a Jay, siento que gran parte de su intención es ayudarnos a aceptar que está bien estar quebrantados y necesitar ayuda. Él crea un ambiente que es terapéutico y enriquecedor, dando perspectiva y consejos suficientes para que avances en la vida.

Recuerdo hace años atrás cuando estuve en una conferencia TED, una conferencista de la que nunca antes había oído salió al escenario. Su nombre era Brené Brown. Brown habló sobre la importancia de la vulnerabilidad y el poder de quitar la vergüenza. La mayoría de nosotros nunca hemos pensado en quitar la vergüenza como un acto de valentía; sin embargo, Brown ha utilizado una frecuencia que ha llevado sanidad a cientos de miles de personas, o quizá a millones.

UN ESPACIO SEGURO PARA LA TRANSPARENCIA

Cuando tienes la frecuencia del Sanador, creas una cultura que es enriquecedora y terapéutica. Una cultura de Sanador estará diseñada para la persona que necesita el mayor tiempo para sanar. Esto da como resultado una cultura que espera a la última persona antes de poder avanzar. Cuando un Sanador está en un puesto de liderazgo, la cultura puede llegar a ser lenta para cambiar.

Las personas se verán atraídas a tu mensaje. Las personas correrán para oírte hablar. Cuando utilizas una frecuencia de sanidad, quienes están quebrantados y heridos, y tal vez han estado sin esperanza en su viaje por la plenitud, llegarán y escucharán tu mensaje.

El Sanador ve a las personas en sus heridas. Está seguro de que todo el mundo lleva heridas en su interior que moldean quién es esa persona ahora. Cree a menudo que todos estamos definidos por el trauma, ya sea de modo consciente o inconsciente. Tiene poca paciencia para las conversaciones triviales y puede comenzar a hacer preguntas intrusivas sin invitación.

Si la frecuencia del Sanador es activada sin madurez, los comentarios del Sanador pueden parecer invasivos. Sin sabiduría, es posible que vea heridas en los demás que no existen y proyecte sus propias heridas en quienes lo rodean. Irónicamente, los les pueden sentir una pérdida de valor personal si no están rodeados de quebranto. Esta dinámica puede causar que una persona que recibe esta frecuencia se sienta obligada a encontrar una herida para que el Sanador la trate, o puede ser precavida con el Sanador y dudar de ser totalmente transparente con él o ella. Los entornos del Sanador más sanos son cuando los Sanadores crean un espacio seguro para la transparencia y la vulnerabilidad.

El mayor reto como Sanador es recordar siempre que estás emitiendo una frecuencia que mueve a las personas hacia la sanidad que necesitan, pero que tú mismo no eres la fuente de esa sanidad. Tú eres simplemente la voz de esa sanidad.

EL ARMA MÁS PODEROSA

Pienso en Nelson Mandela históricamente, quien personificó la frecuencia del Sanador y transformó el paisaje político de toda una nación. Ahí estaba un hombre encarcelado injustamente por el color de su piel, que vivió quizá una de las peores expresiones modernas de racismo sobre el planeta, en medio del *apartheid* dentro de una sociedad donde los africanos de raza blanca tenían poder, riqueza y posición, mientras que los africanos de raza negra vivían en la pobreza, estaban indefensos y no tenían esperanza para el futuro.

Cuando Mandela apareció para que hubiera justicia y libertad, estaba en la cárcel. En lugar de amargarse, usando esa experiencia para endurecer su corazón y justificar la violencia y la revolución, Nelson Mandela envió una frecuencia a todo el mundo que también usaría en su propia vida para producir sanidad. Si una nación necesitaba terapia, sanidad, y un entorno donde la paz pudiera ser fomentada, era Sudáfrica. Mandela creía que la paz era su mayor arma. Solamente la paz podría producir la justicia que la nación deseaba y la libertad que su pueblo anhelaba.

Acceder a la frecuencia del Sanador es tal vez el arma más poderosa del mundo. Cuando se combina con una frecuencia complementaria como la del Comandante, Retador o Visionario, pueden suceder cosas extraordinarias.

PROFESOR

TEMAS
Maestro – Instructor – Mentor

SEGUIDORES
Las personas escuchan porque les ayudas a obtener el conocimiento o las habilidades que necesitan.

PUNTO DE VISTA
"Las personas necesitan que les dé la información que necesitan para tener éxito".

MOTIVACIÓN
"¡Debo transmitir el conocimiento que he adquirido!".

MARCADOR
¿Te miran los demás a ti para ayudarles a aprender y entender?

DINÁMICA
Información

GRAN NECESIDAD
Competencia

NECESIDAD BÁSICA
Conocimiento

ÍCONO
Jordan Peterson

COLOR
Castaño

CULTURA CREADA
Aprendiz – Desarrollador

www.thesevenfrequencies.com

FRECUENCIA 5

Profesor

La sala estaba llena de emprendedores cuyos ingresos anuales estaban en el universo de los cien millones de dólares al año. El evento normalmente se enfocaba en estrategias para crear riqueza y escalar las empresas.

La sala estaba llena de una clientela que centraba gran parte de su personalidad pública en la gestión de una alta imagen.

Para la mayoría de las personas en la sala era realmente importante ser vistos como más exitosos de lo que eran, y ya eran muy exitosos. Lo que yo habría esperado desde el escenario era un discurso sobre bitcoin, desarrollo de bienes raíces o franquicias.

El conferencista tenía experiencia en todos los campos posibles relacionados con los negocios. Todos en la sala sabían que él era una mente extraña y estratégica. Si necesitabas a alguien que viera tu problema objetivamente, él era tu hombre.

Por lo tanto, lo que llegó después fue toda una sorpresa.

Su discurso era matemático y tenía el peso de un argumento legal. Los hechos se plantearon como si fueran pruebas meticulosamente construidas, dejando poco espacio para el debate o el desacuerdo.

Para él, toda la verdad viajaba a través de los datos. Se enfocaba únicamente en los hechos.

Lo curioso fue que su discurso era sobre la felicidad.

Sí, dije felicidad.

No la riqueza. No el poder. No el éxito. No la fama. No adquirir aviones privados o yates personales.

Felicidad.

Ese tema se había convertido en el enfoque de su investigación, y estaba seguro de haber descifrado el código.

Compartió sus conclusiones con partes iguales de objetividad e irrefutabilidad. Había descubierto el algoritmo que aseguraría la felicidad que había sido tan esquiva para la mayoría de nosotros.

No pudimos evitar observar cierta desconexión. Mientras él irradiaba seguridad en su descubrimiento, no emanaba ese mismo nivel de... bueno... felicidad.

No estoy diciendo que él no fuera feliz. Digo que la frecuencia desde la que hablaba acerca de la felicidad no transmitía su felicidad a quienes le escuchábamos.

Lo que experimentamos fue la transferencia objetiva de información.

Lo que experimentamos fue al Profesor.

Para el Profesor, hay solamente una frecuencia que importa cuando se comunica la verdad, y esa es la transferencia factual de datos. El Profesor cree que solamente la verdad te hará libre.

PROFESOR X

La frecuencia del Profesor se trata de aprender, enseñar, y ayudar a las personas a obtener el conocimiento que necesitan para tener éxito en cualquier esfuerzo que persigan. Las personas escuchan al Profesor porque les ayuda a adquirir el conocimiento y las habilidades que necesitan. Si tienes la frecuencia del Profesor, crees que las personas necesitan que les des la información necesaria para que puedan tener éxito en la vida. Esta frecuencia puede aplicarse a casi todos los campos, desde la política hasta los deportes, la ciencia o los negocios. Los Profesores utilizan su comunicación para transferir la información y la competencia que ayuda a las personas a aprender y tener éxito. Si el aprendizaje es tu valor más alto, entonces el Profesor y tú están en la misma longitud de onda.

Yo me crie con novelas gráficas, y una de mis narrativas favoritas era la de *X-Men*. Me encantaba cómo toda una comunidad fue creada mediante el liderazgo de una persona: el *Profesor X*. El *Profesor X* era un superhéroe único en cuanto a que estaba confinado a una silla de ruedas. El superpoder del *Profesor X* estaba en su mente. Tenía la capacidad de comunicarse con cualquiera, en cualquier lugar, mediante su capacidad intelectual. Esto personifica la frecuencia del Profesor. El superpoder del Profesor está en su cerebro. Su fortaleza radica en su pensamiento y su banco de datos. El Profesor quiere transmitir la frecuencia de aprender para elevar a cualquiera que conecte con él o ella.

Una de las películas que muestra el contraste que puede existir dentro de la frecuencia del Profesor es *Descubriendo a Forrester,* protagonizada por Sean Connery como un escritor huraño y solitario. La película presenta tres frecuencias del Profesor en guerra. Una es condescendiente, otra es liberadora, y otra es emergente.

La genialidad de un joven escritor provoca dos respuestas diferentes de los dos hombres más influyentes en su trayectoria. La frecuencia del Profesor, trasmitida por el personaje de Connery, buscaba elevar la capacidad intelectual y el viaje del joven estudiante. El personaje que interpretaba el profesor universitario real de joven estudiante tenía la misma frecuencia, pero la utilizaba como una fuerza de desdén. En ambos casos, experimentamos el poder de la frecuencia del Profesor. Cuando actúa al más alto nivel, la frecuencia del Profesor crea una sed voraz de conocimiento y aprendizaje.

ALGO TERRIBLE PARA DESPERDICIAR

La necesidad básica que aborda el Profesor es el conocimiento. Cuando yo era pequeño, había un comercial de televisión que simplemente declaraba: "Una mente es algo terrible para desperdiciar". Este sería el mantra del Profesor.

Alguien que personifica la frecuencia del Profesor cree que tiene la capacidad en su interior de llegar a ser cualquier cosa que desee y lograr todo lo que quiera. El Profesor piensa que su grandeza puede alcanzarse mediante la acumulación de conocimiento y habilidades.

La necesidad más elevada a la que habla el Profesor es la competencia. Para ser un experto en cualquier cosa, antes debes adquirir el conocimiento que te haga avanzar hacia un nivel más alto de competencia.

Un Profesor muy conocido es Dave Ramsey. Conocí a Dave Ramsey hace unos treinta años atrás cuando era tan solo un individuo y no la fuerza motriz que es actualmente. Dave Ramsey se ha convertido en un nombre familiar en cuanto a la responsabilidad financiera. Su mantra es: "Actúa según tu salario". Enseña a las personas cómo administrar el dinero y salir de la deuda. Su misión en la vida es dar a las personas la información que necesitan para encontrar éxito financiero.

Hace años atrás, mi hija Mariah descubrió a Dave Ramsey y él se convirtió en su nuevo héroe. A Mariah le encanta comprender todo lo que pueda acerca de cómo ser exitoso financieramente y estar libre de deudas. Me presentó el trabajo de Dave con *Financial Peace* (Paz financiera) y Financial Peace University. Como alumno de Financial Peace University, Dave es tu profesor y te enseñará todo lo que sabe para que puedas llegar a ser financieramente independiente y libre.

IDEAS QUE VALE LA PENA DIFUNDIR

Los Profesores crean culturas de aprendizaje y desarrollo. Si te identificas con la frecuencia del Profesor, es porque te sientes impulsado a aprender y te inclinas hacia el conocimiento. El aprendizaje es exactamente lo que necesitas para llegar donde quieres ir. La cultura moldeada por un Profesor es única porque no llama al cambio extremo. El Profesor da la bienvenida al progreso gradual que conduce a un cambio significativo.

He asistido regularmente a las conferencias TED y he sido parte de la comunidad TED por más de veinte años. TED significa Tecnología, Entretenimiento y Diseño. Chris Anderson, curador de TED, es una persona incesantemente curiosa y un aprendiz voraz. No es ninguna sorpresa que dirija un dominio en el que grandes mentes se reúnen para compartir su aprendizaje con el mundo. El tema de TED es: "Ideas que vale la pena difundir".

Chris mismo describe la parte más persuasiva de una charla TED de la siguiente manera: "Tu tarea número uno como conferencista es transferir a las mentes de tus oyentes un regalo extraordinario: un objeto extraño y hermoso que llamamos una idea. De todos modos, ¿qué es una idea? Pues bien, podemos pensar en ella como un patrón de información que te ayuda a entender el mundo y abrirte camino en él".

Chris Anderson es un gran ejemplo de un Profesor porque el escenario es suyo, pero en raras ocasiones decide quedarse allí. Es poco frecuente que haga presentaciones en TED. Chris presenta la conferencia, entrevista a diferentes oradores, y en ocasiones lanza pensamientos aquí y allá. No intenta difundir sus propias ideas. Quiere difundir las ideas de otros que creen que todo el mundo debería oír. Esta es la esencia de la frecuencia del Profesor.

Cornel West es otro modelo de esta frecuencia. West es un educador conocido por su trabajo en justicia social e igualdad cultural. Utiliza la frecuencia del Profesor para ayudar a las personas a entender esa información que puede cambiar sus perspectivas y percepciones de la historia y la humanidad.

Malcolm Gladwell es otro comunicador destacado que comparte mediante la frecuencia del Profesor. Gladwell habla primordialmente mediante la escritura. Entre sus muchos libros se incluyen los éxitos de venta *El punto clave* e *Inteligencia intuitiva*. Gladwell hace que su amor por recopilar y sintetizar información sea evidente en su trabajo.

Si te gusta aprender y estudiar, tu frecuencia dominante puede que sea la del Profesor. Esta frecuencia significa algo más que adquirir conocimiento. Se trata del amor por transmitir a otros lo que has aprendido. Cuando disfrutas de tomar la información que has recolectado y convertirla en perspectiva e ideas para otros, sabes que tu frecuencia es la del Profesor.

VER LLEGAR LA LUZ

El Profesor ve el conocimiento como la moneda de la vida. Su derecho a ser oído y hablar a tu vida está directamente relacionado con la experiencia que ha obtenido en su área de estudio. Su valor no está en la adquisición primaria de conocimiento, sino en la adquisición secundaria de conocimiento. En otras palabras, su conocimiento está basado en la investigación y no necesariamente en la experiencia personal.

Cuando la frecuencia del Profesor está matizada por la experiencia de la vida, se identifica con el oyente y crea una profunda transferencia de conocimiento. Cuando actúa a su nivel más alto, el Profesor vive para ver "llegar la luz". Es entonces cuando la frecuencia del Profesor tiene el poder de traer iluminación.

Una de las expresiones más fascinantes de la frecuencia del Profesor es la historia de Walter White en *Breaking Bad*. Aunque la historia da un giro oscuro rápidamente, todo lo que hace Walter es lógico, matemático e impulsado por los datos. Lo que hace que Walter sea al mismo tiempo exitoso y finalmente peligroso es que mantiene la emoción fuera de cada decisión. Mucho antes de la aparición de la inteligencia artificial, hemos comprendido el peligro de la toma de decisiones basada únicamente en datos y ausente de empatía. La historia de Walter comienza con él siendo un hombre muy tímido que decide entrar en un mundo muy peligroso. La historia termina con su infame declaración: "Yo soy peligro".

GRANDEZA QUE LIDERA

Phil Jackson podría ser considerado un Profesor en el mundo de los deportes. Como entrenador de básquet en la NBA ganó 11 campeonatos. Entrenó a jugadores prolíficos como Michael Jordan con los Chicago Bulls y a Kobe Bryant con Los Ángeles Lakers. No era conocido por sus discursos inspiracionales tanto como por aportar una perspectiva increíble al juego. Jackson entendía a sus jugadores y también el juego a un nivel que pocas personas pueden hacerlo. Aumentó el conocimiento y la competencia de sus jugadores y creó algunos de los mejores equipos del mundo. Los equipos de Phil Jackson conocían las tácticas y detalles del deporte y jugaban con una profunda comprensión de su entorno. Jackson creó una cultura de aprendiz-desarrollador en la que cada jugador mejoraba.

La frecuencia del Profesor es poderosa porque cree que todo el mundo puede aprender. Lo que quizá antes pensaste que era imposible aprender, de repente parece a tu alcance cuando experimentas esta frecuencia. La información conduce a la perspectiva. La perspectiva desarrolla intuición. La intuición impulsa a la acción. La frecuencia del Profesor no se trata sobre aumentar lo que sabes sino de transformar el modo en que vives.

En su expresión optima, la frecuencia del Profesor utiliza la información para cambiar no solo tu mente, sino también tu vida.

VISIONARIO

TEMAS
Previsor – Futurista – Pionero

SEGUIDORES
Las personas escuchan porque dibujas
una imagen persuasiva de un futuro potencial.

PUNTO DE VISTA
"Las personas necesitan que les muestres
el futuro que todavía está por crearse".

MOTIVACIÓN
"¡Debo abrir los ojos de los ciegos!".

MARCADOR
¿Te miran los demás a ti para captar una visión para su futuro?

DINÁMICA
Innovación

GRAN NECESIDAD
Innovación

NECESIDAD BÁSICA
Visión - Esperanza

ÍCONO
Martin Luther King Jr.

COLOR
Ártico

CULTURA CREADA
Futurista – Toma riesgos

www.thesevenfrequencies.com

FRECUENCIA 6

Visionario

Era una mamá soltera que criaba a tres niñas de 11, 10 y 8 años de edad. Su hermano vivía cerca y era la figura paterna que las niñas no habrían tenido si él no estuviera cerca. A menudo trabajaba turnos de diez horas siempre que había trabajo extra.

Aun así, sin tener en cuenta cuán apretado estuviera su horario, las niñas y ella tenían un ritual nocturno que nunca pasaban por alto. El cuarto de las niñas era frío y húmedo, y no tenía calefacción adecuada. Se envolvían en mantas y se sentaban juntas en una cama para escuchar mientras su mamá les contaba un cuento.

Ella nunca leía un libro, aunque la lectura era un valor familiar. El tiempo de ir a la cama era cuando ella les contaba de las aventuras de tres niñas que vivían con valentía persiguiendo lo desconocido, impulsadas por su curiosidad insaciable.

Cada noche, los personajes enfrentaban nuevos retos y obtenían nuevas habilidades mientras avanzaban hacia un destino único.

Lo que las niñas no sabían era que ella no solo les estaba entreteniendo; también les estaba dando imágenes de sus potenciales futuros. Cada noche, ella proyectaba una visión de quiénes llegarían a ser ellas si tenían valentía, determinación y fe.

No debería ser una sorpresa que cada una de ellas vivió una vida extraordinaria al crecer. Fueron criadas por una mamá que cada día les hablaba en su frecuencia del Visionario. Ellas persiguieron sus sueños al no conocer ningún otro modo de vivir.

VIVIR EN EL FUTURO

El Visionario comunica en una frecuencia que lanza visión y amplía la imaginación. El Visionario es un futurista. Su comunicación abre posibilidades y oportunidades para quienes están escuchando. El Visionario tiene la capacidad persuasiva de dibujar una imagen del futuro que nadie puede ver hasta que él o ella hablan. El Visionario llama la atención de las personas que se ven atraídas a una visión. Los Visionarios viven con el impulso interior de mostrar a los demás un futuro que está por ser creado.

Los Visionarios apenas prestan atención al pasado y pocas veces viven en el presente. Si eres un Visionario, tu frecuencia puede ser a la vez embriagadora y enloquecedora para los demás. Siempre estás viviendo en el futuro. Tu enfoque radica en ver dónde puede ir tu organización o tu comunidad. Sueñas con el futuro y los futuros potenciales de quienes te rodean. El futuro puede llegar a estar formado tan poderosamente en tu interior que se vuelve más real para ti que el presente.

Cuando una persona utiliza esta frecuencia, quienes están escuchando son sacados del pasado y el presente y lanzados a una mentalidad orientada al futuro. Esta frecuencia es crítica para el progreso de la humanidad.

Siempre habrá necesidad de visión. Como se nos ha recordado incluso desde la historia antigua: sin visión, el pueblo perece. Mientras más desesperanzado sea el momento, más desesperadamente necesitamos una voz que nos llame a la esperanza.

El Visionario hace que las personas crean que su futuro puede ser diferente a su pasado. Sabe que el presente de alguien no es el final de su historia. Cuando eres un Visionario, no estás creando simplemente un mapa de ruta hacia el futuro. Los Visionarios llaman a las personas al futuro que solamente ellos pueden imaginar.

LA VISIÓN ES COMO EL OXÍGENO

La frecuencia del Visionario habla a nuestra necesidad básica de visión. Puedes tener acceso a la frecuencia del Visionario si estás convencido de que las personas se marchitarán desde dentro hacia afuera si carecen de visión. Para el Visionario, la visión es como el oxígeno: es esencial, no complementaria.

Cuando una persona accede a la frecuencia del Visionario, no solo está lanzando visión. Un Visionario también llama a las personas a la necesidad más profunda de innovación. El Visionario sabe que el futuro debe crearse mediante enfoques nuevos e innovadores. Todas las prácticas del pasado al construir o cultivar algo se consideran desactualizadas o desfasadas. Por eso la frecuencia del Visionario tiene un efecto dual. Un Visionario crea una imagen persuasiva del futuro y también llama a las personas a los procesos que harán que ese futuro sea una realidad.

CAUTIVADO Y TRANSFORMADO

Hay varias indicaciones de que la frecuencia del Visionario se identifica más profundamente contigo: en raras ocasiones te encuentras viviendo en el pasado. Por naturaleza eres menos nostálgico incluso cuando alguien recuerda cosas del pasado. Dejas poco tiempo para el lamento y, en cambio, comienzas rápidamente a volver a imaginar el futuro. Si básicamente no tienes un espejo retrovisor, entonces tienes la frecuencia del Visionario. Esta frecuencia siempre nos llama al futuro.

Si quieres experimentar una frecuencia de comunicación que pueda influir mucho en tu vida, encuentra a un Visionario. La frecuencia del Visionario es más rara que muchas de las otras frecuencias y, por lo tanto, reúne a grandes audiencias. No deberíamos sorprendernos cuando multitudes son movidas por el poder persuasivo de un Visionario. La frecuencia del Visionario puede experimentarse tanto personalmente como colectivamente. Cuando un Visionario relata una historia, somos capaces de encontrarnos a nosotros mismos en ella.

George Lucas es un ejemplo perfecto. Es el cineasta que reinventó el cine con *Star Wars*. Recuerdo la primera vez que vi *Star Wars* y me sentí cautivado y transformado por la visión de un universo futuro. Lucas no solo trajo *Star Wars* al mundo; trajo a nuestra imaginación una manera nueva de ver el futuro. Lucas trasladó su frecuencia de Visionario mediante el cine.

Virgil Abloh fue un Visionario. Como exdirector creativo de Louis Vuitton, su capacidad de ver proyectos visionarios y colaborar en ellos no tenían igual. No es una coincidencia que fuera presentado al mundo por Kanye West, otro Visionario, cuya frecuencia se identifica con creativos que quieren dar forma a un futuro diferente.

Nancy Silverton es una Visionaria en el mundo culinario. Ella es la chef y emprendedora que creó *La Brea Bakery* y *Mozza* en Los Ángeles. Se comunica mediante la forma de arte de la comida.

Mary-Kate y Ashley Olsen son ambas Visionarias que evolucionaron desde actrices infantiles hasta conocidas diseñadoras de moda. Las hermanas comunican su frecuencia de Visionarias mediante la moda, redefiniendo la industria con su marca *The Row*.

CON LOS OJOS DE LA FE

El Visionario transmite una visión que cambia nuestra perspectiva de lo que es posible. Sabemos que hemos sido tocados por la frecuencia del Visionario cuando también nosotros vemos con los ojos de la fe.

Ellos pueden elevar nuestra visión para el mundo, o elevarnos a nosotros para que tengamos una visión más grande para nuestras propias vidas. Puede llamarnos a su visión o sacar de nosotros nuestra propia visión. La frecuencia del Visionario reposiciona nuestros corazones y mentes hacia el futuro.

Generalmente la visión que ellos comparten es a la vez emocionante y aterradora. Dependiendo de nuestra receptividad e identificación con la visión, podemos experimentar la frecuencia del Visionario como una ráfaga fresca de aire o un fuerte viento no deseado que trastorna todas las cosas. Mientras que el Visionario transmite a una frecuencia alimentada por el empuje magnético de un futuro persuasivo, también nos invita a creer que juntos podemos crear ese futuro potencial.

Los Visionarios nos llaman a dejar el pasado para así poder crear el futuro.

IMAGINACIÓN EN EXPANSIÓN

Siempre que hay un Visionario en un puesto de liderazgo, su frecuencia crea una cultura de innovación y de tomar riesgos. Ya sea en su familia, su comunidad o su organización, el Visionario siempre llama a quienes le rodean a lo nuevo y lo desconocido. No se puede crear el futuro sin riesgo, y el Visionario desestabiliza el presente y hace espacio para lo que podría ser. El poder del Visionario está en que borra las fronteras de los límites, ampliando la imaginación y causando que contemplemos lo imposible como posible.

Una de mis citas favoritas es del libro de Isaías. Dice: "Olviden las cosas de antaño; ya no vivan en el pasado. Fíjense en que voy a hacer algo nuevo. Ya está sucediendo, ¿no se dan cuenta?". El Visionario ve lo nuevo. Con un Visionario, el futuro comienza como un sueño y se convierte en una realidad.

Un de los Visionarios más poderosos de la historia fue Martin Luther King Jr., cuyo discurso llamado "Yo tengo un sueño" cautivó a toda una nación e impulsó los derechos civiles:

"... Pese a todas las dificultades y frustraciones del momento, yo todavía tengo un sueño. Es un sueño arraigado profundamente en el sueño americano. Yo tengo un sueño de que un día esta nación se elevará y vivirá el verdadero significado de su credo: Creemos que estas verdades son evidentes: que todos los hombres son creados iguales...

Yo tengo el sueño de que un día en las rojas colinas de Georgia los hijos de los antiguos esclavos y los hijos de los antiguos dueños de esclavos serán capaces de sentarse juntos en la mesa de la hermandad...

Yo tengo el sueño de que mis cuatro hijos pequeños vivirán un día en una nación donde no serán juzgados por el color de su piel sino por el contenido de su carácter. Yo tengo un sueño hoy...

Y cuando esto ocurra, cuando dejemos resonar la libertad, cuando la dejemos resonar desde cada pueblo y cada caserío, desde cada estado y cada ciudad, seremos capaces de apresurar la llegada de ese día en que todos los hijos de Dios, hombres negros y hombres blancos, judíos y gentiles, protestantes y católicos, serán capaces de unir sus manos y cantar las palabras de un viejo espiritual negro: "¡Por fin somos libres! ¡Por fin somos libres! Gracias a Dios todopoderoso, ¡por fin somos libres!".

El poder del Visionario es inspirar a otros a ver lo invisible y juntos crear lo que antes solamente imaginábamos.

MAVEN

TEMAS
Iconoclasta – Inconformista – Disruptivo

SEGUIDORES
La gente escucha porque el misterio no está resuelto.

PUNTO DE VISTA
"La gente necesita explorar lo desconocido".

MOTIVACIÓN
"Debemos liberarnos de nuestra falsa visión de la realidad".

MARCADOR
¿Los demás te buscan para lo inesperado?

DINÁMICA
Innovación

GRAN NECESIDAD
Cambio de paradigma

NECESIDAD BÁSICA
Curiosidad

ÍCONO
Albert Einstein

COLOR
Medallion (dorado)

CULTURA CREADA
Pionero – Imaginativo

www.thesevenfrequencies.com

FRECUENCIA 7

Maven

Mi esposa Kim me pidió que la acompañara a Lilongüe, en Malaui, para celebrar la combinación de siete años de su trabajo con líderes tribales para llevar educación y desarrollo de África.

Ella había concretado una reunión con el presidente de Malaui y también con miembros destacados del gobierno.

La razón principal por la que hacíamos el viaje cruzando el mundo era que, tras casi una década y más de un millón de dólares invertidos, su equipo finalmente terminó de construir un centro de educación modelo para más de 1600 estudiantes, desde el primero hasta el octavo grado.

Más de mil personas de las tribus circundantes se reunirían para la ceremonia de inauguración del campus, dirigida por más de veinte jefes tribales y dignatarios.

Kim se aseguró generosamente de que cada representante de Mosaic (nuestra iglesia en Los Ángeles) tuviera un traje para ponérselo para la ceremonia. Ella era consciente de que los dignatarios

---

N. del E. *Maven* es una palabra en inglés que describe a alguien que no solo es experto en un tema, sino que también se le considera una autoridad apasionada que comparte activamente su conocimiento.

políticos y los jefes que viajarían hasta allí llevarían trajes formales para reflejar la importancia de ese día y el significado de la ceremonia.

Kim sabía que sería importante para los jefes tribales que nos vistiéramos de una manera que se había vuelto apropiada para los eventos diplomáticos. Aunque yo lo entendía, no podía quitarme de la cabeza la idea de que esos jefes tribales usaban trajes debido a la influencia de los misioneros occidentales décadas atrás.

Kim es la persona más sensata y centrada que alguien podría conocer. Nunca iría a ninguna cultura e impondría su sistema de valores personal. Al mismo tiempo, valora enormemente el respeto y el hecho de honrar el protocolo establecido.

Aquella mañana, Kim y yo tuvimos una conversación bastante intensa sobre cómo me vestiría yo para la ceremonia. Ella era bastante insistente en que me pusiera el traje que me había comprado. Yo entendía su razonamiento y era un punto bien establecido, pero algo en mi interior no me permitía conformarme o cooperar.

Para mí, no se trataba de ponerme un traje. Se trataba de la cosmovisión y el paradigma que yo estaría promoviendo. No dejaba de pensar: "¿Cuál es la historia que debo contar?".

Estaba muy claro para mí que yo necesitaba destruir y crear.

Me resultaba imposible explicar lo que veía, pero en una manera que tuviera sentido para ella.

En lugar del traje, llevé un par de pantalones reciclados, una camiseta y una sudadera multicolor hecha con viejas colchas Kantha Ralli del sur de la India.

Por si no lo mencioné, yo era el conferencista de apertura del evento.

El evento se realizaba en un campo de fútbol que se parecía más a una extensión de tierra que a alguna cancha debido a la ausencia de pasto.

Después de los saludos y los discursos de todos los dignatarios, llegó mi turno. Fui caminando lentamente hasta el centro de la cancha.

Cuando me posicioné frente a los jefes tribales que estaban sentados en los lugares de honor, de repente supe lo que tenía que hacer.

Me senté en mitad de la cancha. Para ellos yo era un jefe visitante. Debería haber sido indigno de mi parte sentarme en el suelo a sus pies. Me senté allí en silencio por un momento, permitiendo que asimilaran esa imagen y la incomodidad impregnara el momento.

Entonces, comencé a explicarles que si yo hubiera llegado a ellos representando al gobierno de Estados Unidos, llevaría puesto un traje. Si estuviera representando a una importante ONG o una organización humanitaria, también llevaría puesto un traje.

Vestía como un hombre sencillo y me sentaba en el suelo porque estaba allí representando a la persona de Jesús. Estaba sentado a sus pies porque estábamos allí para servirles. Estaba sentado en el polvo, no había nada por debajo de Él, de modo que nada estaba por debajo de nosotros.

Si yo estuviera allí para representar a Dios, solo podía adoptar una postura, y debía ser la de la humildad. Sabía que tenía que ayudarlos a ver a Dios desde un punto de vista radicalmente diferente.

El mensaje que me habían confiado compartir con ellos requería que estuviera dispuesto a comunicarme en una frecuencia con la que tal vez ellos aún no se habían encontrado. Sabía que sería desconcertante, pero la comunicación es más que palabras. Somos portadores de nuestras propias frecuencias.

No podíamos quedarnos en la historia que les habían contado acerca de quienes seguían a Jesús. La vieja historia tenía que ser destruida para que se pudiera escribir una nueva historia.

Kim te diría que yo no hago que las cosas simples sean fáciles. Durante nuestro matrimonio ella ha querido que yo encajara y encontrará aceptación. Comprendo por qué mis creencias y decisiones en la vida se considerarían desafiantes e inconformistas. No es que no quiera pertenecer. Simplemente no veo el mundo, la vida o la realidad de la misma manera que los demás.

La frecuencia del Maven no se trata de hacer cambios graduales dentro de la realidad comúnmente aceptada.

El Maven libera tu mente para ver la realidad desde un punto de vista totalmente nuevo.

UN PLANETA ALIENÍGENA

Los *Mavens* ven el mundo como un planeta alienígena y a los seres humanos como una especie peculiar. Mientras que el mundo busca respuestas, el *Maven* examina el mundo buscando preguntas. Los indicadores parecen atrapados en el laberinto de la autorreflexión y la creación. La realidad es una sugerencia. Se ven atraídos hacia el ministerio y la incertidumbre. Tal vez no sea necesario decir que el *Maven* es la frecuencia más malentendida.

Como *Maven*, puede que te comuniques inconscientemente en frecuencias que otros no pueden entender. Si tu frecuencia principal es el *Maven*, puede que experimentes confusión con cuán difícil es comunicarte con los demás. Un *Maven* puede pasar su vida aprendiendo a comunicarse y conectar con la mayoría, pero en general solo unos pocos lo aceptan. La frecuencia del *Maven* encuentra las personas a quienes les gusta la innovación, disfrutan de la exploración, y son ellos mismos casos atípicos.

Para la mayoría, la frecuencia del *Maven* produce incomodidad. El *Maven* es innatamente disruptivo, y trata lo sagrado como algo abierto al cuestionamiento y la investigación. Su violación de la ortodoxia es en raras ocasiones consciente o deliberado.

REDEFINIENDO EL JUEGO

El *Maven* a menudo no es un experto, sino un estudiante con una curiosidad interminable. Se le considera un conocedor de las nuevas ideas. Puede convertirse en aquel a quien todo el mundo acude en busca de experiencia y destreza en el dominio de un tema o área en particular. Irónicamente, son las mismas personas que desafían los pilares de la creencia en cada una de estas áreas. En cualquier campo —deportes, matemáticas, espacio, artes culinarias, política— el *Maven* es quien redefine las reglas del juego.

Cuando los *Mavens* se dieron cuenta de que el pase adelantado no era ilegal en el fútbol americano, cambiaron el juego para siempre. El *Maven* transformó el salto alto olímpico, pasando de un tipo de salto clásico llamado "*Western Roll*", al "*Fosbury Flop*", que ahora es un estándar. Los *Mavens* modificaron las leyes de la ciencia y propusieron que la masa y la energía son lo mismo. Cuando los *Mavens* son artistas, la realidad se reimagina en un lienzo y se crea el cubismo.

Cuando un *Maven* se rinde al nihilismo, se convierte en el evangelista de un futuro distópico. Los *Mavens* crean expresiones que representan este futuro en películas como *El Origen, Matrix* y el clásico *Blade Runner.*

El *Maven* ve la tierra como meramente un punto de inicio y pasa su vida preparando a la humanidad para ocupar Marte y habitar el espacio exterior. Elon Musk es tal vez el *Maven* más icónico de nuestra época. Siempre que escucho hablar a Elon Musk más me identifico con su frecuencia. Desde crear SpaceX con la ambición de llevar a la humanidad a Marte, hasta fundar Tesla y revolucionar la industria automovilística con vehículos eléctricos, Musk es un caso atípico. No solo sueña, sino que también invierte miles de millones para convertir en realidad esos sueños.

Para el observador desde fuera, muchas de las decisiones financieras de Musk parecen irracionales e incluso irresponsables. Lo que a la mayoría de nosotros nos cuesta comprender es que él simplemente no ve la realidad de la misma manera que las masas. No creo que sería injusto decir que en su genialidad existe al menos un toque de locura. Para ser uno de los hombres más ricos del mundo, no parece importarle en absoluto el dinero. Al fin y al cabo, ¿qué es otra mansión aquí en la tierra cuando estás intentando colonizar la galaxia?

CAMBIO DE PARADIGMA

La necesidad básica que satisface la frecuencia del *Maven* es la curiosidad. El *Maven* es más necesario cuando estamos dentro de los marcos autolimitantes. El *Maven* ayuda a las personas a ver la realidad con una lente totalmente nueva.

Aparte de provocar curiosidad, el *Maven* es impulsado por la alta necesidad de producir un cambio de paradigma. El *Maven* sabe que si puede cambiar la forma en que ves algo, puede cambiar lo que ves. Un punto de vista particular puede cambiar el modo en que vemos todo. El verdadero *Maven* ve la realidad desde un paradigma completamente diferente al de la mayoría de la gente.

El *Maven* vive en una paradoja. Le resulta desconcertante que los seres humanos nos aferremos con tanta fuerza a nuestras ortodoxias y certezas. La comodidad que la certeza les brinda a otros, a los *Mavens* les es esquiva. A menudo no saben lo que saben. Saben lo que no saben.

Lo que sí ven con claridad es la diferencia entre una verdad y una creencia. Nosotros sostenemos creencias. Las verdades nos sostienen a nosotros. Por lo tanto, podemos buscar la verdad con las manos abiertas. Los *Mavens* no son descuidados con la verdad; simplemente no ven la verdad como algo frágil.

No piensan fuera de la caja; nunca han visto la caja. Cuestionan todo. Se preguntan cómo otros han encontrado tal certeza e incluso la envidian. Viven en una soledad mental y, sin embargo, sus mentes están llenas de una cacofonía interminable de voces. En muchos sentidos, son extraños al mundo real y se sienten más a gusto en su mundo interior.

Leonardo da Vinci imaginó el futuro de maneras que parecían imposibles en su época. Imaginó el submarino antes de que existiera la tecnología para crearlo, e imaginó el helicóptero generaciones antes de que se desarrollara la tecnología del vuelo. Da Vinci no se limitó a mejorar lo que ya existía. Su imaginación vivía en lo imposible. Todo lo que imaginaba era una introducción a una realidad alternativa.

NADA ES SAGRADO

La frecuencia del *Maven* provoca desgarros en el tejido del universo. Cuando se utiliza esta frecuencia sin sabiduría, una persona puede ser considerada imprudente. Cuando el *Maven* opera en el nivel más alto de la frecuencia, nos quita las escamas de los ojos para que podamos ver donde antes estábamos ciegos.

Por eso la frecuencia del *Maven* puede ser tan malentendida. En su búsqueda de la verdad, serán considerados destructores de la verdad. La única cosa sagrada para ellos es la pureza de la búsqueda. Esto puede ser desestabilizador para quienes se ven afectados por su mensaje. A menudo, los *Mavens* no son conscientes de que han descartado cosas sagradas para sus oyentes.

Recuerdo que hace años me invitaron a un programa de televisión presentado por Brian Houston, el fundador de la Iglesia Hillsong. Justo antes de que saliéramos al aire, comenzó a compartir conmigo una explicación un tanto críptica de por qué yo siempre lo había puesto nervioso. Para decirlo de manera sencilla, yo simplemente no encajaba en ninguno de sus esquemas.

Por improbable que pueda parecer (y créeme que nadie quedó más sorprendido que yo mismo), yo no solo me convertí en una persona de fe, sino que también me convertí en pastor. La frecuencia del *Maven* es mi frecuencia más natural, y eso me había posicionado como un candidato improbable para comenzar una iglesia y ser pastor.

Fundé una comunidad de fe llamada Mosaic en 1993. Mi trabajo en Mosaic se veía como fuera de las líneas aceptables de la ortodoxia. En caso de que no estés familiarizado, las iglesias tienden a estar profundamente arraigadas en el pasado y la tradición. Desde el inicio, supe que Mosaic era un experimento social con intención espiritual. Nos describimos a nosotros mismos como el departamento de investigación y desarrollo de la Iglesia.

Uno de nuestros lemas centrales era la integración de creatividad y espiritualidad, una idea que se consideraba herética hace treinta años atrás. Mi perspectiva de futuro también me convirtió en un caso atípico. En el momento en que propusimos que el futuro era dinámico y creado mediante la elección humana, eso añadió una capa más a mi herejía. Incluso nuestro nombre se consideraba sospechoso, ya que no incluya la palabra "iglesia". Por no mencionar que al principio comenzamos a reunirnos en un club nocturno que alguna vez fue propiedad de Prince.

Cada faceta de quiénes éramos y cómo nos expresábamos como comunidad quebrantaba lo que muchos pensaban que era permisible en la Iglesia. No nos considerábamos una iglesia contemporánea o una iglesia moderna. Estábamos decididos a ser el epicentro del futuro de la humanidad.

Mosaic se ha convertido en un lugar de refugio para creadores, innovadores, artistas, pioneros y casos atípicos en todo el mundo. Al mismo tiempo, Mosaic también se convirtió en el enfoque de las burlas entre aquellos que eran los guardianes del cristianismo ortodoxo.

Por eso, tanto Brian como yo quedamos sorprendidos por la invitación a acompañarlo. Justamente antes de salir al aire, me encontré con él y dije: "Recuerda que la herejía de hoy es la ortodoxia de mañana". Pareció particularmente inquieto y sencillamente respondió: "Espero que no".

Simplemente tuve que reírme.

CLASE MAGISTRAL DEL *MAVEN*

Vivimos en una época extraordinaria en la historia humana: Anteriormente, pocos tenían acceso a la frecuencia de los *Mavens* Los entornos de élite daban acceso a los mayores pensadores, matemáticos, filósofos, jugadores de ajedrez, artistas, compositores y pintores. Se desarrollaron universidades para facilitar el intercambio de ideas, pero en raras ocasiones estas ideas provenían de quienes pensaban fuera del molde. En la actualidad tenemos un acceso sin precedente a *Mavens* en cualquier campo que queramos explorar.

Tenemos clases magistrales en todos los campos concebibles. La primera clase magistral que vi fue a Steph Curry enseñando cómo hacer un lanzamiento de tres puntos. Siendo el lanzador más grande que haya vivido, su genialidad es lo que nos atrae. Steph ha reinventado el juego de básquet, y nunca volverá a ser igual. De modo similar, me gusta asistir a clases magistrales de directores y escritores de fama mundial cuya singularidad los destaca en lugar de simplemente su experiencia. A menudo nos vemos más atraídos por la persona que es más original en lugar de simplemente sentirnos atraídos hacia quien es técnicamente el mejor.

LOS LOCOS

Si tu frecuencia natural es la del *Maven* eres raro. El regalo de este momento en la historia es la disponibilidad y el acceso a pensamientos contrarios en todos los campos concebibles. Puedes aprender con mayor rapidez y crecer más rápidamente al acceder a la frecuencia de los mejores del mundo. Aunque los *Mavens* en pocas ocasiones son oradores públicos excepcionales, su enfoque único hacia ver el mundo puede inspirar y elevar el deseo del oyente de encontrar su propia voz. Generalmente, los *Mavens* necesitarán un traductor para hablar a las masas. Al fin y al cabo, ellos son los locos.

Nunca olvidaré la noche que estaba sentado viendo televisión y apareció en la pantalla "el" comercial. Yo nunca había visto nada parecido. Era como un canto de sirena que nos llamaba a la profundidad del océano azul. Fue emocionante.

En 1997 Apple lanzó una campaña llamada "Piensa diferente". A continuación, tenemos el texto del anuncio que me cautivó. Parece como si se hubiera escrito directamente para *Mavens* emergentes y para cualquiera que aspirara a convertirse en uno de ellos.

Esto es para los locos. Los marginados. Los rebeldes. Los alborotadores. Los inadaptados. Las clavijas redondas en agujeros cuadrados.

Aquellos que ven las cosas de forma diferente. No son aficionados a las reglas y no tienen respeto por el "statu quo". Puedes citarlos, discrepar de ellos, ensalzarlos o vilipendiarlos.

Pero lo único que no puedes hacer es ignorarlos. Porque ellos cambian cosas. Ellos inventan. Ellos imaginan. Ellos sanan. Ellos exploran. Ellos crean. Ellos inspiran. Ellos impulsan a la raza humana.

Tal vez tienen que estar locos.

¿De qué otra manera se puede mirar un lienzo en blanco y ver una obra de arte? ¿O sentarse en silencio y escuchar una canción que no se ha compuesto? ¿O mirar un planeta rojo y ver un laboratorio sobre ruedas?

Nosotros hacemos herramientas para esta clase de personas.

Aunque algunos puedan considerarlos locos, nosotros vemos genios. Porque las personas que están lo bastante locas para creer que pueden cambiar el mundo, son las que lo logran.

FRECUENCIA DOMINANTE

Encuentra tu voz

El punto de partida para manejar las siete frecuencias es identificar tu frecuencia dominante o principal. Tu frecuencia dominante es la frecuencia singular que es más natural para ti cuando te comunicas. Es como tu modo por defecto. Es el modo en que te comunicas cuando ni siquiera estás pensando en comunicar. Es el modo en que te comunicas en casa y con las personas más cercanas a ti.

IDENTIFICA TU FRECUENCIA DOMINANTE

Hay personas con las que interactúas todos los días de tu vida. No me refiero a tus conocidos casuales, aunque el modo en que nos comunicamos con ellos sigue siendo importante, incluso si es breve. Las personas que más nos importan son las que nos dan el contexto primario para la comunicación. Si estás casado, es tu cónyuge. Si eres padre o madre, son tus hijos. También son tus mejores amigos y tus compañeros regulares de trabajo. Ellos son los que te conocen desde tu frecuencia principal o dominante.

Una manera de descubrir tu frecuencia dominante es preguntarles a las personas que te rodean. Siéntate con ellas, háblales de las siete frecuencias y pregúntales cuál de ellas identifican como tu frecuencia dominante.

No digas: "Oye, soy Sanador. ¿Qué piensas?" o "Soy Motivador. ¿Estás de acuerdo?".

Aquí tienes algunas preguntas que te pueden ayudar:

"Cuando hablo a tu vida…"

1. ¿Te sientes motivado? (Motivador)
2. ¿Te sientes retado? (Retador)
3. ¿Sientes que te digo lo que tienes que hacer? (Comandante)
4. ¿Te sientes comprendido? (Sanador)
5. ¿Aprendes algo que no sabías? (Profesor)
6. ¿Te sientes inspirado por una visión más grande? (Visionario)
7. ¿Te sientes confundido y te preguntas si se me ha ido la cabeza? (*Maven*)

Incluso podrías decir: "Clasifícalas del uno al siete. La que más me escuchas y la que menos me escuchas". Puede que las del medio no sean tan fáciles de identificar, pero probablemente tendrán bastante claro qué frecuencia utilizas siempre y qué frecuencia no usas nunca.

Hay otra manera de identificar tu frecuencia principal: ¿a qué frecuencias te sientes más atraído? ¿Qué frecuencias te inspiran? ¿Qué frecuencias están en tu longitud de onda? Cuando escuchas a alguien hablar y piensas: "Vaya, está en mi longitud de onda, y lo entiendo", ¿qué te comunica esa frecuencia? Si escuchas a un profesor enseñar y compartir información, y dices: "Vaya, lo entiendo muy bien. Es como si me conociera", es una buena manera de saber que la del Profesor es probablemente tu frecuencia dominante. Si escuchas a un Visionario compartir una visión y te sientes identificado, tu frecuencia dominante podría ser la del Visionario. Te sientes identificado y le entiendes. La manera en que escuchas suele ser la manera en que hablas.

Por supuesto que también podrías invertir en ti mismo, hacer el esfuerzo y tomar nuestra evaluación en línea y sumergirte más profundo para entender no solo tu frecuencia sino también la frecuencia de quienes más te importan. Puedes tomar la evaluación hoy (recuerda que es una web en inglés) en www.thesevenfrequencies.com.

MODO POR DEFECTO

Puede que tengas una frecuencia dominante que no está produciendo los resultados que deseas. Por mucho que intentas ser claro, parece que hay algunas personas con las que nunca puedes comunicarte de manera eficaz. Intentas actuar en una frecuencia diferente, pero siempre terminas regresando a tu frecuencia dominante. Si hablas de modo natural desde la frecuencia del Retador, puede que tus amigos siempre digan que debes animar más, pero siempre acabas retando. O tal vez tienes personas en tu vida que necesitan que seas un Sanador, pero tu frecuencia dominante es la del Comandante. Siempre terminas teniendo que disculparte porque tu comunicación puede parecer demasiado directa y autoritaria cuando los demás quieren que seas más bien terapeuta y consejero.

DINÁMICAS

Las frecuencias crean acción. Cuando hablamos, lo hacemos no solo para darnos a entender sino también para crear. Cada frecuencia tiene un efecto dinámico sobre quien escucha.

El Retador y el Comandante son frecuencias activadoras. Estas frecuencias mueven a las personas llamándolas a la acción.

El Motivador y el Sanador son frecuencias relacionales. Estas frecuencias mueven a las personas invirtiendo en una relación personal con ellas.

El Profesor es una frecuencia informativa. Esta frecuencia mueve a las personas al compartir información con ellas.

El *Maven* y el Visionario son frecuencias innovadoras. Estas frecuencias mueven a las personas al mostrarles un futuro nuevo.

Ya sea que tu voz naturalmente mueve a las personas a través de la activación, las relaciones, la información o la innovación, la meta final de toda la comunicación es la transferencia. El milagro de la comunicación humana es que nos conecta unos a otros y nos permite avanzar juntos hacia un futuro compartido.

RESULTADOS

El primer paso para identificar tu frecuencia dominante es preguntar a otras personas cómo te escuchan. El segundo paso es prestar atención a cómo escuchas tú mejor a los demás. Y hay otro paso más para ayudarte a encontrar tu frecuencia dominante.

Cuando te comunicas, ¿qué enfoque suele ayudarte a conseguir los mejores resultados? Descubrirás que esa es la frecuencia con la que consigues que los demás se involucren de manera natural y eficaz. Es tu frecuencia dominante que funciona casi como una memoria muscular. No requiere que pienses cómo comunicar o que intentes buscar el lenguaje correcto; es lo que sale de ti naturalmente. Cuando quieres expresarte de manera auténtica, tu frecuencia dominante es la que te da la mayor probabilidad de éxito.

Recuerda: sea cual sea tu frecuencia dominante, es la más natural para ti. No hay un punto de partida correcto o incorrecto. Simplemente está tu voz auténtica, y los mejores comunicadores siempre hablan desde su yo auténtico.

SOMBRAS

Nuestro lado oscuro

Hay una serie que me fascina que se llama *Succession* (Sucesión). Es un drama sobre un multimillonario que enfrenta a sus cuatros hijos entre ellos en una competición para comprobar quién le sucederá como CEO del conglomerado mediático familiar.

Las personas que estudian las siete frecuencias suelen pedirme que les diga cuál es la frecuencia de una persona o un personaje de ficción. Un día, un amigo me preguntó: "¿Cuáles son las frecuencias de los personajes de *Succession*?".

Me quedé paralizado. No me venía nada a la cabeza.

Por un momento entré en pánico. ¿Y si este sistema estaba quebrado? ¿Y si me había perdido algo crucial en cuanto a cómo se comunican las personas?

Los personajes de *Succession* no son buenas personas. Actúan con base en sus propios intereses y en perjuicio de todos los demás. Ninguno de ellos parecía encajar en ninguna de las siete frecuencias.

Y entonces comprendí que estaba buscando la respuesta en el lugar equivocado.

Los personajes sí poseen las siete frecuencias, pero solamente en sus sombras.

Su comunicación estaba vacía de toda bondad y luz. En cambio, todo era oscuro. Vacío. En definitiva, trágico.

Y eso hace que este sea un buen momento para presentar el lado oscuro de cada frecuencia.

La distorsión de una frecuencia crea una sombra. Todos nosotros somos capaces de tener un lado oscuro. No debería sorprendernos que si nuestra alma está llena de envidia, amargura y odio, nuestro estado interior afecte la transmisión de nuestra frecuencia. Nuestra frecuencia nos ayuda a expresarnos, pero también nos expone.

YENDO HACIA EL LADO OSCURO

La sombra de tu frecuencia aparece cuando tu frecuencia pasa de estar enfocada en los demás a estar enfocada en ti mismo. Las sombras remodelan tu modo de comunicar. Mientras que una frecuencia natural buscará servir a los demás, la sombra de una frecuencia te servirá solamente a ti mismo.

Actuar en las sombras de tu frecuencia limita el increíble impacto que puede tener tu frecuencia auténtica. Por eso es tan importante entender que tu frecuencia de comunicación está profundamente conectada a tu salud interior y a quién eres como ser humano. La sombra no está en la frecuencia; la sombra está en nosotros. La frecuencia es una expresión de nuestro estado interior. No se puede separar la esencia de nuestra comunicación de la esencia de quiénes somos.

SOMBRA 1: EL MOTIVADOR COMO ANIMADOR

Un Motivador que actúa en su frecuencia inspira y alienta a otras personas. Un Motivador saludable crea ambientes que son positivos, optimistas y transformadores. Cuando la frecuencia de un Motivador se corrompe, el comunicador se transforma en Animador Si eres Motivador, pero actúas en tu sombra, das más importancia a cómo se siente tu público contigo que a cómo te sientes tú con tu público. Al Animador le impulsa la necesidad de ser aceptado y afirmado. El Animador puede transformar la comunicación auténtica en un ejercicio superficial; y, en el peor de los casos, el Animador se convierte en un estafador. Esta sombra daña la integridad del mensaje de un Motivador. Un Motivador recibe energía de manera natural al Animador a otros. Si actúas por demasiado tiempo como Animador comenzarás a sentirte siempre increíblemente agotado.

Un Motivador se protege contra su sombra cuando hace que el aplauso sea secundario y decide enfocarse en transformar entornos y hacer crecer a los demás. Si eres Motivador, utiliza tu frecuencia para impulsar a otros, subir los niveles de energía y desarrollar en los demás la seguridad en sí mismos.

SOMBRA 2: EL RETADOR COMO MANIPULADOR

La frecuencia del Retador siempre intenta sacar lo mejor de los demás. Cuando tienes la frecuencia del Retador, crees tanto en las personas que siempre sabes que son capaces de más. Cuando la frecuencia de un Retador se corrompe, el comunicador se convierte en un Manipulador La comunicación de un Retador invita a las personas a aspirar a ser su mejor versión. Si eres un Manipulador, invitas a las personas a hacer lo que tú necesitas que hagan, que sean, o consigan. Este cambio de frecuencia es muy sutil, pero muy peligroso.

La influencia natural de un Retador hace que sea importante que la frecuencia esté enfocada en animar a las personas a ser su mejor versión y vivir su vida al máximo. Un Retador quiere inspirar a que se consigan resultados. Un Manipulador quiere forzar resultados. Si actúas desde la sombra del Manipulador, conseguirás que la gente haga lo que no quiere hacer para tu propio beneficio. Cuando actúas en la frecuencia del Retador, conseguirás que la gente haga lo que anhela hacer, pero no tiene la valentía de perseguir.

El precio de actuar constantemente desde la sombra del Retador es que aquellos que desean estar cerca de ti no se sienten lo suficientemente seguros como para confiarte su vulnerabilidad, debilidad o dolor. El modo de redirigir la sombra para que vuelva a convertirse en el poder del Retador es trabajar por el bien de los demás, ayudándolos a conseguir las metas que se han propuesto.

SOMBRA 3: EL COMANDANTE COMO DICTADOR

El Comandante es una frecuencia poderosa que conlleva autoridad y confianza. Un Comandante utiliza su frecuencia para mover y coordinar personas. Cuando un Comandante actúa en su frecuencia con integridad, dirige a otros hacia el bien común que pueden lograr juntos. Cuando la frecuencia del Comandante se corrompe, el comunicador se transforma en un Dictador. El Dictador busca eliminar la voluntad individual y la capacidad personal de elección. Al Dictador le impulsa el deseo de satisfacer sus propios anhelos y necesidades.

A los Dictadores les ofenden las preguntas, y a menudo se niegan a dar explicaciones de sus decisiones. Un Comandante se enfoca en ejecutar para alcanzar un resultado que todos desean. Un Dictador se enfoca en forzar a otros a someterse a su voluntad. Un Comandante se enfoca en el bien de todos. Un Dictador se enfoca en su propio bien.

Cuando actúas constantemente desde la frecuencia del Dictador, comienzas a confundir la obediencia con la lealtad. Empiezas a ver a las personas como herramientas para conseguir tus resultados deseados. Cuando el Comandante vive en su sombra, el precio de la dureza de esta frecuencia da como resultado aislamiento y elimina la oportunidad de establecer conexiones humanas genuinas. La mejor manera de que un Comandante salga de su sombra es que tenga relaciones interpersonales en las que rinda cuentas y busque tratar tanto a sus iguales como a sus subordinados con el nivel más alto de respeto.

SOMBRA 4: EL SANADOR COMO DEVORADOR

Un Devorador es un agujero negro que, en su oscuridad, consume toda luz.

La frecuencia del Sanador es más efectiva cuando el comunicador produce sanidad y restauración en los demás. Existe una narrativa muy terapéutica en la longitud de onda del Sanador.

Cuando la frecuencia del Sanador se corrompe, el comunicador se transforma en un Devorador. El Sanador crea un ambiente de empatía, pero el Devorador crea un ambiente de codependencia. El Sanador libera empatía, pero el Devorador consume empatía. Cuando un Sanador se transforma en su sombra, confunde el poder de su mensaje con su valor inherente como Sanador. El Devorador está convencido de que las personas lo necesitan directa y personalmente para ser restauradas. Un Sanador busca sanar a otros, pero un Devorador busca sanarse a sí mismo. Una de las cosas más peligrosas es usar tu plataforma y tus relaciones como tu propia fuente de terapia. Cuando actúas desde la sombra de un Sanador, utilizas las heridas de los demás para sanar tú mismo. La sombra consume el dolor de otros en lugar de producir la sanidad y la restauración que necesitan.

Las consecuencias de ser un Devorador es que a pesar de aparentar tener la capacidad infinita de sanar a los demás, a menudo suele ahogarse en su propio dolor y sufrimiento. Cuando eres Devorador no puedes pedir ayuda, pues reconocer tu necesidad es descalificarte a ti mismo en tu propia mente. Para salir de la sombra del Sanador, debes estar dispuesto a ser sincero acerca de tu propio dolor, tu quebranto y tus heridas. El único camino para pasar de Devorador a Sanador es la autenticidad y la transparencia.

Puedes reconocer a un Devorador cuando se ve a sí mismo como la única fuente para tu sanidad. Si terminas dependiendo de él o ella para tu sanidad, habrás entrado al campo gravitatorio del Devorador.

SOMBRA 5: EL PROFESOR COMO DESCALIFICADOR

La frecuencia del Profesor comunica el conocimiento y la sabiduría que los demás necesitan para crecer y desarrollarse. Un Profesor se enfoca en el desarrollo y la iluminación de los demás. Cuando la frecuencia del Profesor se corrompe, el comunicador se transforma en un Descalificador Un Descalificador está convencido de que nadie domina un tema como él. El tono de un Profesor informa, pero el tono de un Descalificador muestra superioridad. Un Profesor cree que su papel es expandir la mente del estudiante. Un Descalificador cree que lo que necesita el estudiante es encontrarse cara a cara con su ignorancia. Mientras que un Profesor anima a alguien a perseguir el aprendizaje aunque fracase por el camino, un Descalificador castiga al aprendiz por cada fallo en su estudio. Un Profesor utiliza la información para iluminar, pero un Descalificador utiliza la información para menospreciar.

Cuando un Profesor vive en su sombra, pierde la capacidad de seguir aprendiendo. Su sombra crea en él o ella un temor a que alguien descubra que tiene carencias en un campo de conocimiento. El mismo atributo que hace que la frecuencia del Profesor sea de valor incalculable, se corrompe por su necesidad de proteger la imagen de saberlo todo, en lugar de mantener el hambre por el aprendizaje. Para salir de la sombra del

Descalificador hay que comenzar con tres palabras transformadoras: no lo sé.

SOMBRA 6: EL VISIONARIO COMO PERFECCIONISTA

La frecuencia del Visionario lanza visión e impulsa a las personas hacia el futuro. La frecuencia del Visionario hace libres a las personas y les ayuda a avanzar. Cuando la frecuencia del Visionario se corrompe, el comunicador se transforma en un Perfeccionista. Cuando un Visionario mantiene la mirada enfocada en un futuro ideal, puede paralizarse por la necesidad de alcanzar la perfección. El Perfeccionista rechaza cualquier resultado que no sea un reflejo puro de su visión. Detendrá el proceso creativo porque la ejecución no es perfecta. El Perfeccionista exige a los demás un estándar de éxito que solo él puede visualizar.

Un Visionario atrapado en su sombra es rehén de su visión. Esperar la perfección conduce a la parálisis. La sombra del Perfeccionista crea una fuerza opresiva dentro del comunicador que hace que nada sea suficiente. Cuando utilizas la frecuencia del Visionario, el futuro nunca será exactamente como lo imaginas. Aunque tu visión puede que sea perfecta, el camino está lleno de imperfección. Involucrar a otras personas en el proceso creativo implica que el futuro evoluciona hasta llegar a ser más complejo y más hermoso.

Para regresar a la frecuencia del Visionario y salir de su sombra, tu visión debe tener en el centro a las personas y no solo los resultados. El Perfeccionista ve la visión como una imagen estática del futuro. Para abandonar esta sombra, debes volver a ver la visión como algo dinámico y adaptable a los dones y talentos de las personas que te rodean.

SOMBRA 7: EL *MAVEN* COMO NIHILISTA

La frecuencia del *Maven* destruye las visiones comúnmente aceptadas sobre la realidad. Un *Maven* confronta el punto de vista de un oyente sin tener en cuenta lo sagrado de sus creencias. Los *Mavens* no intentan elevar el pensamiento de los demás; intentan liberar sus mentes de los constructos que inconscientemente los han hecho cautivos. Cuando el *Maven* se corrompe, su frecuencia lo transforma en un Nihilista.

La sombra del *Maven* rechaza la ortodoxia del mundo que le rodea sin ofrecer una alternativa mejor y más holística. Todo está mal. Nadie sabe lo que es correcto, verdadero o bueno. Cuando actúas como un Nihilista, sabes por qué todo está mal pero no tienes ni idea de qué es lo correcto. La consecuencia para aquellos que reciben el impacto de la frecuencia de un Nihilista, es que pierden la esperanza de crear un mundo mejor. El Nihilista ve los fallos de nuestra mentalidad actual sin guiarnos a un camino mejor. La frecuencia del Nihilista solo ve un futuro distópico.

El mayor peligro para un *Maven* que vive en su sombra es que esta se traduce en desesperación. El ingenio del *Maven* se convierte solamente en locura. Para que el *Maven* pueda recuperar su frecuencia y liberarse de la sombra que tan a menudo puede atormentarlo, debe reconocer que solo porque no pueda ver el camino hacia adelante no significa que no haya un camino. Para el *Maven*, todo es radical y casi nada es gradual; sin embargo, para escapar de su sombra el *Maven* debe aprender a celebrar la belleza y la maravilla del mundo a su alrededor.

CÓMO APLICAR LAS SOMBRAS

En el ejemplo de *Succession*, el patriarca Logan Roy es un Comandante convertido en un dictador. Nunca pide; ordena. Todos a su alrededor son solo invitados en su universo. A diferencia de un manipulador, Logan Roy no intenta esconder su coerción para con los demás. Él está al mando y usa a las personas como quiere. Piensa que todos los patrones de pensamiento que no se alinean con los suyos son rebelión, y los aplasta rápidamente.

El sucesor más probable de Logan es su hijo Kendall Roy. Kendall es un Visionario convertido en un perfeccionista. Puede ver un futuro donde él es CEO; pero no consigue llegar hasta ahí. Traiciona constantemente sus ideales y valores en un intento de crear un futuro en el que su padre lo ame. Tiene la visión necesaria para hacer que la empresa tenga éxito, pero es prisionero de su disfunción.

Siobhan, la hija de Logan, es una retadora convertida en manipuladora. Intenta constantemente hacer que los miembros de su familia obren en beneficio de sus ambiciones personales.

Roman, el hijo más joven, es un Motivador convertido en un intérprete. No encaja por naturaleza en el negocio familiar, así que adopta el papel de payaso para evitar la responsabilidad personal, así como la ira y la desaprobación de su padre.

Connor es el último hijo. Connor es técnicamente el hijo mayor, pero se retiró voluntariamente de la competición para ser CEO. Es un Sanador convertido en un inoperante cuya infancia estuvo totalmente carente de afecto. Dedica todo su tiempo y su riqueza a ganarse el amor de su novia ambivalente, que es en realidad una dama de compañía que solo se interesa por él porque le paga.

El esposo de Siobhan es Tom Wambsgans, y representa al Profesor convertido en descalificador. Es un ejecutivo de la empresa; pero no confía mucho en su capacidad para hacer bien su trabajo. En su mente tiene los conocimientos y la experiencia para liderar la compañía; pero nunca ha hecho nada que validaría su confianza en sí mismo. Toma bajo su cuidado a un joven inexperto llamado Greg, solo para tener la oportunidad de despreciar y tratar mal a alguien que tiene todavía menos poder que él.

El personaje atípico es Greg. Es un *Maven* convertido en nihilista. Nadie está seguro de si Greg es completamente incompetente o es el único genio de la sala. El personaje de Greg parece totalmente enfocado en sobrevivir. Posiblemente la frase más perturbadora que haya salido de su boca fue cuando Tom le preguntó a Greg si quería hacer un trato con el diablo y unirse a la traición que Tom iba a llevar a cabo contra su familia. Greg simplemente respondió: "De todos modos, ¿qué iba a hacer yo con un alma?".

Una de las preguntas más difíciles con las que he tenido que batallar para responder es por qué nosotros, como seres humanos, nos sentimos tan atraídos por las sombras de las frecuencias. Es innegable que las sombras de las frecuencias tienen un gran poder y una cantidad de influencia desproporcionada en el dominio público. Decir que es desconcertante cuán poderosas son las sombras de las frecuencias en nuestra cultura presente sería quedarse corto. Si solo te importaran los resultados, llegarías a la conclusión de que utilizar tu sombra tendría un mayor impacto que utilizar tu frecuencia auténtica. Por supuesto, esta conclusión es muy limitada y no toma en cuenta el poder destructivo de la sombra para nosotros mismos y también para los demás.

He identificado al menos dos razones principales del porqué nos sentimos atraídos por las sombras. La primera son nuestras heridas. Si cuando eras niño anhelabas el amor y el afecto de alguien que se relacionaba contigo como manipulador, dictador o inoperante, en tu vida adulta seguirías buscando la afirmación de las mismas sombras que te hirieron durante tu desarrollo. Si te identificas a ti mismo como una persona a quien le atraen las sombras de las frecuencias, el primer lugar donde yo miraría es dentro de ti mismo: tu propio trauma y dolor que aún no han sido resueltos.

La segunda razón principal por la que nos sentimos atraídos hacia las sombras es que nosotros también estamos viviendo en ellas. ¿O debería decir escondiéndonos en ellas? Si eres un intérprete, te sentirás cómodo con otros intérpretes. Si eres un manipulador, te sentirás cómodo con otros manipuladores. Pero va más allá de eso. Nos sentimos atraídos a las sombras de las frecuencias cuando queremos el resultado que han conseguido sin que nos importen los medios para obtenerlos. En otras palabras, ves a un manipulador acumular gran riqueza, y tu deseo de riqueza se sobrepone a tu deseo de vivir una vida auténtica. Te sumerges en la sombra con la esperanza de obtener un resultado similar. Sin embargo, en palabras de Jesús: "¿De qué le sirve al hombre ganar el mundo entero si pierde su propia alma?".

MAPA MENTAL

La arquitectura interna de la comunicación

En este capítulo crearemos un mapa de las siete frecuencias utilizando la arquitectura interna de nuestra mente.

Entender tu diseño natural es crucial. Una vez que identifiques tu frecuencia dominante, podrás integrar otras frecuencias según la que sea más útil para el momento en el que estés. Analizaremos las siete frecuencias y sus interrelaciones. Para ilustrar este proceso, compartiré mi propio camino en la comunicación.

INHERENTE A TU ESENCIA

Cuando pienso en mi infancia, la primera frecuencia que puedo identificar es la del *Maven*. Cuando comencé a analizar las siete frecuencias por primera vez, pensé que la frecuencia del *Maven* era algo que se puede desarrollar con el tiempo o que llega con la adultez. Me di cuenta de que si esta frecuencia es inherente a tu esencia, habrás estado hablando con esta frecuencia durante toda tu vida.

Parte de saber que la frecuencia del *Maven* es tu frecuencia dominante, es que incluso cuando eras joven, pensabas y hablabas de las cosas de manera inesperada. Tal vez te menospreciaron o te tacharon de loco. Lo más probable es que la gente se sorprendiera constantemente de tu perspectiva o punto de vista.

Esta frecuencia temprana en mi vida no me ayudó mucho. A veces tu frecuencia dominante puede incluso obrar en tu contra. Si tu hijo tiene la frecuencia del *Maven,* no le será muy útil cuando esté en la escuela primaria; sin embargo, a través del desarrollo continuo de la frecuencia, ser *Maven* se convierte en un regalo y una ventaja muy grandes.

HABLAR EN PÚBLICO

Cuando comencé a hablar en público, la primera frecuencia que adopté fue la del Visionario. Inmediatamente comencé a hablar acerca del futuro, mostrando un enfoque diferente de hasta dónde podría llegar la humanidad. Desde el principio de mi propio viaje en la comunicación, las personas me decían que era un Visionario. Parece que siempre que hablaba, las personas desarrollaban una visión más grande. Comenzaban a ampliar su imaginación y a ver nuevas posibilidades para sí mismos y para el mundo a su alrededor.

Al mismo tiempo, comencé a cultivar la frecuencia del Retador. Imagina escuchar a un Retador de veintitrés años que pensaba que su misión era incomodar a la gente y llamarles la atención. Eso no salió bien.

El *Maven*, el Visionario y el Retador se convirtieron en el núcleo de mi estilo de comunicación. Cambiaba de una frecuencia a otra rápidamente, por lo que fácilmente, y con el tiempo, comencé a darme cuenta de que a veces una era más importante que otra.

A veces entraba en ambientes concretos o me encontraba ante un público específico y veía que necesitaban un poco de visión y mucho reto. Podía sentir que en un entorno no me aceptarían como *Maven*, y utilizar esa frecuencia me restaría credibilidad en lugar de dármela. Parte de mi aprendizaje en la comunicación fue aprender a utilizar esas frecuencias de manera eficaz cuando iba de un lugar a otro.

LAS FRECUENCIAS MÁS LEJANAS

La frecuencia que me resultaba más lejana era la del Comandante. Esta frecuencia autoritaria era tan antinatural para mí que muchas veces la gente me preguntaba: "¿Puedes simplemente decirnos lo que tenemos que hacer?". Cuando nuestros hijos estaban creciendo, me decían: "Papá, no quiero un consejo. Solo quiero que me digas lo que tengo que hacer". A mí me parece muy poco frecuente que tus hijos lleguen y te digan: "Solo dinos lo que tenemos que hacer". Como casi nunca actuaba como un Comandante, ese déficit les hizo valorar esta frecuencia en su vida.

La frecuencia del Profesor también es poco común en mí. Al principio, mi manera de pensar era que si la información estaba disponible, era mejor que tú la consiguieras por ti mismo. Ahora me doy cuenta de por qué el Profesor es tan esencial e importante. Sin el Profesor, muchas veces no le daba a la gente el ABC de una idea; saltaba directamente al XYZ. Eso hacía que la gente no pudiera actualizar y aplicar lo que les estaba enseñando.

El Motivador era mi quinta frecuencia. Al principio de mi camino en el liderazgo, las personas en mi equipo decían: "Oye, ¿podrías decirme qué estoy haciendo bien?", "¿Podrías simplemente animarnos?" o "¿Podrías decir cosas que hayamos hecho y que de verdad aprecias?". A veces la pregunta era muy directa: "¿Podrías decirnos que lo estamos haciendo bien?".

Yo les decía a todos: "Estás haciendo un buen trabajo".

Con el tiempo, regresaban y me decían: "Oye, eso es demasiado general. 'Estás haciendo un buen trabajo' no parece genuino. Si realmente crees que estamos haciendo un buen trabajo, ¿podrías decirnos específicamente qué es lo que estamos haciendo que es un buen trabajo?".

Eso me hizo entender que no soy una persona que por naturaleza necesita mucha motivación externa o ánimo. Eso me condujo a suponer que otras personas tampoco necesitaban ese ánimo.

FRECUENCIAS OPERATIVAS

Si mi conjunto principal es *Maven*, Visionario y Retador y mi conjunto menos probable es Comandante, Profesor y Motivador, en medio de los dos grupos vive el Sanador.

La frecuencia del Sanador no estaba en mi conjunto principal, pero se convirtió rápidamente en una de mis frecuencias más operativas. Como orador, descubrí que cuando compartía mi propio dolor y mis dificultades creaba una conexión increíble con mi audiencia que el *Maven*, el Visionario o el Retador no podían conseguir. En mis mejores momentos, literalmente me detenía en medio de mi mensaje o presentación y accedía a la frecuencia del Sanador. Cuando actúo en el Sanador, todo mi mensaje se eleva a otro nivel.

EN TIEMPO REAL

Quiero ilustrar cómo todas las frecuencias trabajan en conjunto cuando te comunicas. Recientemente hablé en la *Summit of Greatness* (Cumbre de la grandeza), un evento organizado por mi amigo Lewis Howes.

Mientras me preparaba, decidí a propósito no comenzar con la frecuencia del Retador porque era la primera vez que me dirigía a esa audiencia. Normalmente una audiencia no recibirá bien la frecuencia del Comandante o el Retador sin antes haber establecido y construido una relación de confianza.

Sabía que en el momento en que me subiera a la plataforma, entraría de manera natural a mis frecuencias de *Maven* y el Visionario, pero sentía profundamente que las personas de la sala necesitaban al Sanador. Quería asegurarme de no perderme el momento de Sanador, así que hice algo que casi nunca hago. Comencé todo mi mensaje enfocado completamente en comunicar desde la frecuencia de un Sanador.

Comenzando con mis propias heridas, conecté con las heridas de las personas que estaban en la sala. Mi intención era únicamente conectar con su necesidad de sanidad y restauración. Fue transformador. En un instante la sala entera estaba conmigo, y nos acabamos de conocer.

Desde ahí entré en la frecuencia del *Maven*, lo cual fue bastante inesperado. Es un salto mental desde la vulnerabilidad a un cambio radical en la manera de pensar. Esta combinación de frecuencias preparó a toda la sala para una nueva conversación.

ACCEDE A TU PUNTO DÉBIL

Muchas veces, tengo que recordarme a mí mismo que la frecuencia del Comandante es la frecuencia más lejana para mí. En mis notas de orador a veces incluso escribo: "Aquí es donde tienes que decirle a la gente lo que tienen que hacer".

Ha habido momentos en los que pensaba que estaba siendo tan autoritario que estaba en el clímax del Comandante, dando órdenes a derecha e izquierda. Después, mi equipo me informaba: "Bueno, nunca hiciste eso".

Cuando la frecuencia no es natural en ti, el simple hecho de activarla un poco te parecerá raro y forzado. La realidad es que cuando una frecuencia es menos intrínseca a tu esencia, incluso tendrás que sobrecompensar y activarla a un nivel más profundo hasta que encuentres un punto medio que te resulte cómodo.

Por ejemplo, si comienzas como Comandante y decides cambiar a la frecuencia del Sanador, seguramente tendrás que hacer un esfuerzo muy grande que desgaste toda tu energía. Si naturalmente eres Motivador, seguramente será increíblemente difícil para ti convertirte en Retador. Estás tan intrínsecamente diseñado para comunicar la frecuencia de un Motivador que te resulta difícil confrontar a la gente.

AMPLIANDO TU CAJA DE HERRAMIENTAS

Para cada frecuencia hay frecuencias complementarias y frecuencias opuestas. Al margen de cómo esté diseñada la arquitectura interna de tu cerebro, lo más natural será cambiar de tu frecuencia dominante a la frecuencia que sea más similar a esa. Por ejemplo, si tu frecuencia dominante es el Motivador, seguramente lo más fácil para ti será cambiar al Sanador. Pasas de dar energía a promover restauración. La frecuencia más cercana al Sanador en el espectro es el Profesor. Pasas de promover restauración a compartir conocimiento. La clave es desarrollar una frecuencia, después pasar a la siguiente y entonces añadir la siguiente. Hay compatibilidades de frecuencias que parecen agruparse más que otras. También es posible que durante el día vayas alternando entre dos frecuencias de manera natural. Cuando quieras darte cuenta, tendrás las siete frecuencias en tu caja de herramientas y podrás acceder a cualquier frecuencia que necesites para conectar.

Amplía y refina tu voz

El sonido es algo fascinante. Tengo que confesar algo: tengo un nivel de sensibilidad auditiva bastante alto. Me cuesta estar en una sala en la que hay una cantidad de ruido inmensa a la vez. Me parece caótico.

Si intentas actuar en una frecuencia de comunicación que no es tu frecuencia natural, al principio no será una frecuencia. Será ruido. Aumentar tu acceso a cada frecuencia tomará tiempo y dedicación. Por eso es tan importante intentar entender quién eres, y después ir construyendo sobre tu frecuencia dominante en la dirección de las frecuencias que te sean más accesibles de modo natural.

Una de las cosas que he aprendido a hacer a lo largo de los años es darles a los comunicadores jóvenes alguna instrucción inesperada justo antes de que salgan al escenario. Normalmente, la instrucción gira alrededor de alguna frecuencia que no activan de modo natural pero que les dará un gran ímpetu. Sé que si pueden activar esa frecuencia, interactuarán con su frecuencia natural para dar lugar a una presentación mucho más potente.

La vida requerirá que utilices determinadas frecuencias en momentos específicos. Juntos, desglosaremos cómo activar la frecuencia que necesites.

ACTIVANDO AL MOTIVADOR

La clave de la frecuencia del Motivador es la palabra afirmación. Lo que hacen los Motivadores es crear un espacio y un ambiente en el que las personas se sienten increíblemente afirmadas. La mejor manera de activar la frecuencia del Motivador es entrenar a tu cerebro para trabajar desde el optimismo y llenar tu alma de esperanza.

Los mejores Motivadores saben cómo celebrar el progreso gradual. Uno de los grandes retos cuando no eres un Motivador natural es que ni siquiera sabes *qué* celebrar porque no puedes ver el progreso gradual que una persona o un equipo ha hecho. Si quieres activar la frecuencia del Motivador, busca los pequeños cambios que puedes reconocer y afirmar. Busca las pequeñas victorias que puedes celebrar y comienza a hablar de ellas.

ACTIVANDO AL RETADOR

Recuerdo que muchas veces me acercaba a uno de nuestros oradores justo antes de que saliera al escenario y le decía: "Tienes que subirte ahí y buscar pelea. ¿Qué te enoja? Puedes escoger el tema que quieras: puedes enojarte por la injusticia, puedes enojarte por la pobreza, puedes enojarte por la desesperación, puedes enojarte por la falta de esperanza o puedes enojarte porque las personas no encuentran un propósito para su vida. Tan solo escoge algo antes de salir a esa plataforma, enójate y busca pelea".

No estoy diciendo que el enojo sea la mejor gasolina emocional para la comunicación, pero puede ser un buen catalizador cuando se enfoca correctamente. Para tener acceso al Retador puede ser útil enojarte por las cosas que están mal en el mundo. ¡Habla sobre ellas! Y después busca pelea para solucionarlas. ¡Llama a la gente a la acción!

ACTIVANDO AL COMANDANTE

Hay momentos en los que la gente solo necesita que le digan lo que tienen que hacer. No les estás diciendo lo que tienen que hacer porque necesitas tener el control y tampoco porque tienes la necesidad de estar al mando. No les estás diciendo lo que tienen que hacer porque eres un dictador autoritario. Les dices qué hacer porque tu entrenamiento, tu dominio de una materia o tu experiencia te permite saber exactamente lo que *deberían* hacer para alcanzar la mejor versión de sí mismos y tener más éxito.

Debes visualizar el momento en el que activas la frecuencia del Comandante como el momento en que le estás haciendo mayor bien a la gente. Les estás ayudando a ahorrar mucho tiempo que hubieran pasado deambulando e intentando averiguar qué hacer. Habrían estado intentando buscar las cosas en la oscuridad y tú sabes dónde está la luz. Por lo tanto, diles lo que tienen que hacer. No hagas sugerencias. No uses una metáfora.

Sé directo, claro y específico. Sé un Comandante y observa cómo las personas prosperan.

ACTIVANDO AL SANADOR

He conocido a muchos oradores talentosos y comunicadores experimentados que tenían un talento natural para la oratoria. Su dificultad estaba en que nunca se implicaban personalmente cuando hablaban. Como oyente, nunca sentías que los conocías mejor después de haberles oído hablar.

Presenciabas una gran presentación o una buena charla, pero esa persona bajaba del escenario siendo un desconocido, igual que cuando comenzó. Si quieres convertirte en un Sanador, debes ser honesto con tu propio dolor.

Recuerdo una ocasión en la que hablé con un comunicador muy talentoso. Le dije: "Muy bien, el siguiente nivel te espera, pero tienes un techo. La altura de ese techo dependerá de tu capacidad para ser vulnerable".

Continué diciendo: "Si decides ser vulnerable, te convertirás en un comunicador de primera categoría. Nadie puede obligarte a ser vulnerable, y no te estoy diciendo que *deberías* ser más vulnerable. Lo que digo es que si quieres ser un comunicador de primera categoría, debes decidir entrar a esta dinámica incómoda de la vulnerabilidad".

Se río incómodamente y dijo: "Bueno, no creo que pueda hacer eso". Eso se convirtió en su techo de la comunicación. Cuando activas la frecuencia del Sanador, debes entrar a un nivel de honestidad que puede hacerte sentir desnudo. Puede ser incómodo ser honesto con tu propio dolor, tus defectos y batallas, pero este nivel de vulnerabilidad es la base de la frecuencia del Sanador.

ACTIVANDO AL PROFESOR

Si quieres activar la frecuencia del Profesor, debes tener ideas que valga la pena difundir y creer que la información puede cambiar la vida de una persona. La mejor forma de activar la frecuencia del Profesor es hacerte esta pregunta: ¿qué verdad o consejo ha transformado mi vida? La mejor manera de activar la frecuencia del Profesor es aprender para así poder enseñar. Desarrolla un apetito voraz por el aprendizaje y después enseña lo que has aprendido lo más rápido posible.

Recuerda: no has aprendido algo realmente hasta que lo aplicas. El conocimiento no es cuestión solo de información; es cuestión de integración. El modo de poner en marcha la frecuencia del Profesor es enseñar lo que realmente te ha cambiado. No tienes que saber todo acerca de las matemáticas, la ciencia, la literatura o la filosofía. Expresa en palabras lo que ha cambiado tu vida, y enséñalo a otros.

ACTIVANDO AL VISIONARIO

Aunque la frecuencia del Visionario es la menos común de las frecuencias, todos debemos tener visión para nuestras vidas. Aunque no sea nuestra frecuencia dominante, los humanos estamos diseñados para tener visión, y prosperamos más cuando vivimos con una visión convincente para nuestras vidas. Si no eres un

Visionario por naturaleza, debes darte cuenta de que no importa si tu visión es autogenerada o la recibes en comunidad. Lo único que importa es que la hagas realmente tuya. Para activar tu frecuencia del Visionario, júntate con otros Visionarios.

Si la frecuencia del Visionario es una de las frecuencias más alejadas de tu frecuencia dominante, es posible que siempre te sientas un poco fuera de lugar al intentar usar al Visionario para comunicarte.

Esta es la buena noticia: cuando un Visionario natural utiliza su frecuencia, podría estar dibujando una imagen del futuro de aquí a mil años, de aquí a cien años, de aquí a veinte años o incluso de aquí a diez años.

La mayoría de las personas no tienen una visión de futuro tan amplia. La mayoría de las personas necesitan visión de futuro para esta semana, este mes, este cuatrimestre o este año. La manera de activar la frecuencia del Visionario no es intentar ser una persona que pueda ver el futuro de aquí a cincuenta años si eso no te resulta natural. Lo que debes intentar hacer es obtener una imagen nítida del futuro que tienes delante en el corto plazo.

Lanza una visión del futuro que vas a crear ahora mismo. Comenzarás a comunicar a través de la frecuencia del Visionario e inspirarás a otros para que comiencen a crear ese futuro juntos.

ACTIVANDO AL *MAVEN*

Quiero recordarte que la frecuencia del *Maven* es poco común. Si esta frecuencia no está ligada intrínsecamente al núcleo de tu diseño como ser humano, será muy difícil tener acceso a ella.

En primer lugar, debes saber que activar tu *Maven* interior tomará tiempo. Si no es tu frecuencia natural, deberás comprometerte de por vida a mantenerte infinitamente curioso y abierto de mente. Así es como te convertirás en un *Maven*: busca tu obsesión y llévate a ti mismo al límite. Busca un tema, un área o un campo que te apasione y te obsesione, y adueñate de él. Hazte experto. Conócelo mejor que nadie. No supongas nada; cuestiona todo. Entonces, observa y verás cómo comienzas a tener ideas innovadoras. Recuerda que la frecuencia del *Maven* no es cuestión de saber más que nadie. Ser *Maven* significa ver las cosas de una manera que el mundo nunca ha visto. La única manera de ver algo desde este punto de vista es obsesionarte con ese tema, idea o área de conocimiento.

MATICES

Diferencias sutiles, sinergias significativas

Cuando interactúas por primera vez con las siete frecuencias, algunas de ellas pueden parecer muy diferentes entre sí mientras que otras parecen más similares. Todas las frecuencias son parte de un universo. Igual que las ondas sonoras, algunos sonidos se mezclan bien juntos mientras que otros crean más disonancia. Con las frecuencias de la comunicación pasa lo mismo. Puede que te sientas cómodo inmediatamente al utilizar una frecuencia mientras que otra te parezca que está casi en disonancia con la tuya. Sin embargo, habrá momentos en los que tendrás que combinar precisamente esas dos frecuencias y eso parecerá un coctel emocional y psicológico muy extraño. La disonancia, sin embargo, puede crear la experiencia de comunicación más dinámica que puedas imaginar.

Si actúas desde la frecuencia del Comandante y el Sanador al mismo tiempo, estarás haciendo algo que parece imposible. Podríamos compararlo con tocar jazz en contraste con utilizar otras dos frecuencias que estén más en consonancia, como por ejemplo la del *Maven* y el Visionario o la del Motivador y el

Sanador. Tomemos un momento para desglosar algunos de los matices y las diferencias entre frecuencias.

EL *MAVEN*, EL VISIONARIO Y EL PROFESOR

Tal vez podrías ver algunas similitudes entre el *Maven*, el Profesor y el Visionario. Una persona podría tener estas tres frecuencias en su conglomerado y trabajarían juntas de manera increíblemente armónica. Las diferencias y matices son que un Visionario es alguien que ve una imagen diferente del futuro y anima a la gente a crear ese futuro. Un Profesor es un instructor que toma el conocimiento existente y lo traspasa a sus estudiantes. Un *Maven* presenta ideas que nunca se han imaginado o pensado. Por lo tanto, mientras que un Profesor trabaja desde lo que puede saberse, un *Maven* realmente comunica desde lo que no se sabe.

Aunque parezcan similares en su nivel de destreza y experiencia, su dominio de la materia es completamente diferente. El *Maven* habla en una frecuencia con la que conectarán muy pocas personas, porque lo que comunica parecerá imposible o que ha perdido la cabeza. En contraste, un Profesor tiene los pies en la tierra. Un Profesor siempre habla desde los hechos, utilizando datos y contexto histórico. Un Profesor es increíblemente creíble porque construye su credibilidad sobre lo que puede saberse, y ahora te está pasando a ti ese conocimiento.

Un Visionario es alguien que aumenta las posibilidades de lo que puede ocurrir o puede llevarse a cabo. Un Visionario no tiene por qué ser Profesor o *Maven*. No está proponiendo una nueva idea radical que nunca antes se ha plasmado, y puede que tampoco esté trabajando desde el conocimiento de lo que puede saberse y pasarlo a otro. El Visionario es más bien un activista que crea un ambiente de asumir riesgos e innovar. Un *Maven* puede tener una idea; pero nunca hacer nada con ella. Un Visionario siempre está avanzando hacia una nueva visión del futuro. Un Profesor puede no ser ni activista ni Visionario; pero puede estar convencido de que la solución a todos los problemas se encuentra en el conocimiento del que disponemos.

EL COMANDANTE, EL RETADOR Y EL MOTIVADOR

Entre el Comandante, el Retador y el Motivador hay una relación interesante. El Retador y el Motivador pueden parecer muy similares hasta que te das cuenta de que el Motivador es impulsado a crear un ambiente de ánimo y afirmación. El Retador, sin embargo, puede no estar interesado en afirmar o animar sino en persuadir e impulsarte a un nivel más alto de ejecución. El Motivador está más interesado en cómo te sientes contigo mismo, mientras que al Retador le interesa más que te conviertas en tu yo futuro.

Podrías pensar: "Espera un momento. Eso parece el Comandante". Sin embargo, el Comandante y el Retador son muy diferentes.

Al Comandante no le interesa persuadirte. No le interesa retarte. Solo le interesa decirte lo que tienes que hacer, cuándo debes hacerlo y cómo debes hacerlo. Es una frecuencia directiva y logística que dice: "Tienes que confiar en mí. Sé lo que hay que hacer, y tú debes hacerlo".

Un Retador podría no decirte lo que tienes que hacer. Suelen estar más enfocados en la cantidad de esfuerzo que haces que en una acción específica que debes poner en marcha. Un Retador podría decir: "Debes hacer tu mejor esfuerzo". Un Comandante, por el contrario, diría: "Para ser tu mejor versión debes hacer esto...".

EL SANADOR, EL COMANDANTE Y EL RETADOR

Las tres frecuencias que es menos probable que trabajen en conjunto son el Sanador, el Comandante y el Retador. Sin embargo, me he dado cuenta de que aunque sean parejas poco probables, la realidad es que trabajan muy bien en conjunto. Algunos de los comunicadores más efectivos que conozco pueden emitir una frecuencia de Comandante y Sanador al mismo tiempo.

Aunque no se lo he dicho, diría que uno de mis grandes amigos, Ed Mylett, tiene esta combinación de frecuencias. Ed es un emprendedor mundial que ha sido catalogado como el mejor orador del mundo. Transmite una confianza poderosa que hace que estés más que dispuesto a hacer lo que él te dice que hagas a la vez que transmite la frecuencia de un Sanador, creando un espacio seguro en el que puedas tratar tus heridas. Incluso diría que cuando lo escuchas en su flujo óptimo de comunicación, también añade la frecuencia del Retador. Es muy poco frecuente ser llamado a hacer grandes cosas, que te digan lo que tienes que hacer y sentir que tu mundo interior está sanando al mismo tiempo.

TRAYECTORIAS DISTINTAS

Cada persona tiene una frecuencia que entiende o recibe mejor, y cada una de las siete frecuencias es más efectiva sobre la base de la singularidad de las circunstancias. Por ejemplo, cuando solamente hay caos y confusión, las personas suelen estar más abiertas a la frecuencia del Comandante. Una persona que recibe bien la frecuencia del Profesor porque cree en el poder del aprendizaje, podría estar a la vez completamente cerrada a la frecuencia del *Maven* porque cree que el *Maven* habla en el ámbito de lo imposible y vive en un mundo etéreo y fantástico que nunca existirá.

Uno de los grandes retos al interactuar con las diferentes frecuencias es que, aunque al principio parece que las diferencias son solo matices, cada frecuencia tiene una trayectoria muy distinta. Las maneras en que impactan en el oyente y se traducen en cambios de vida son increíblemente diferentes.

Tu frecuencia produce ímpetu, y ese ímpetu llevará a la persona que reciba tu mensaje a una aplicación completamente diferente. Esa es la fuerza de tu frecuencia. Los mejores comunicadores acceden a las frecuencias de la misma manera que un director de orquesta guía y eleva a los diferentes instrumentos para crear una sinfonía perfecta.

AUTENTICIDAD Y EMPATÍA

Desata el poder de tu frecuencia

He vivido en Los Ángeles por casi treinta y cinco años, y llevo décadas involucrado en la comunidad de Hollywood y la cultura del entretenimiento. Tristemente, uno de los dichos más famosos de la industria es esta cita infame: "Me llevó mucho tiempo descubrir que la clave de la actuación es la honestidad. Una vez que sabes cómo fingir eso, lo logras".

La comunicación en la resonancia más alta de tu frecuencia, es una combinación de dos dinámicas: autenticidad y empatía. Cuando un orador no tiene empatía, no puede engañar al público, pero sí puede engañarse a sí mismo. El orador podría pensar que está conectando con la audiencia, pero la audiencia sabe que el orador no es uno de ellos. La empatía te hace uno con el oyente.

No hay nada más peligroso que una persona que ha aprendido a expresar autenticidad sin ser realmente auténtica. Recuerdo que años atrás mi hijo Aarón comenzó a comunicar ante grandes audiencias por primera vez. Mi consejo recurrente siempre era: "Solo quiero que seas tu yo más auténtico".

Había mucha presión sobre él para que fuera pulcro y perfecto. Él sabía cómo captar la atención de una audiencia; pero yo quería que pudiera también ser abierto y vulnerable. Sabía que tenía una profunda empatía, pero no sería percibida como poderosa por la audiencia si decidía no bajar la guardia.

Recuerdo que un día respondió a mi recordatorio de "sé auténtico" al hacerme una pregunta.

"Papá", me dijo, "¿y si mi yo auténtico no es auténtico?". Es posiblemente la respuesta más sincera que alguien me haya dado jamás. Los dos nos miramos y nos reímos.

UN PROCESO, NO UN LUGAR

Tendemos a pensar en la autenticidad como un todo o nada; o somos auténticos o no lo somos. No dejamos espacio para ningún grado de variación en el espectro cuando se trata de este rasgo; sin embargo, la realidad es que parte del dilema humano es que nuestro yo más auténtico es un proceso, no un lugar. La autenticidad no es un destino al que llegamos; es algo por lo que peleamos. Escojo la palabra autenticidad con cierto grado de titubeo. La verdad es que dependiendo de la definición en la que te bases, yo no siempre estoy a favor de que una persona sea su yo más auténtico.

Una definición de autenticidad es "representar la verdadera naturaleza de uno". Si lo que tú realmente quieres es robar mi auto, por supuesto que no quiero que seas tu yo más auténtico. Me gustaría que no fueras auténtico y no robaras mi auto. Si tú yo auténtico es ser egoísta y avaricioso, no quisiera animarte a ser tú yo más auténtico. Si la versión más auténtica de ti mismo es una persona llena de ira desesperada por vengarse, preferiría que no actuaras según tu verdadero yo. Si la autenticidad es simplemente expresar quién eres realmente, entonces invitarte a convertirte en tu yo más auténtico puede ser una invitación peligrosa.

Estoy utilizando la palabra autenticidad con un sesgo muy específico. Cuando algo es auténtico, no es falso, sino genuino en su intención original. Cuando algo es auténtico, es confiable, fidedigno y original. Cuando algo es auténtico, es verdadero. La comunicación auténtica da como resultado vidas cambiadas.

El impacto incluso del comunicador más hábil se verá perjudicado si no es auténtico. Para conseguir la máxima eficacia, debes poner tu autenticidad al nivel de tu frecuencia. El tipo de frecuencia no es importante. La autenticidad asienta y extiende todas las frecuencias en el alma del oyente.

COMPARTE UN ALMA

La empatía no es solo entender a alguien; es identificarte con él o ella. La empatía crea una experiencia con otra persona en la que hay un alma compartida. No hay separación entre ambos. Sientes lo que siente esa persona y ves lo que ella ve. Entiendes el mundo desde su perspectiva.

La empatía proviene de tu esencia. Es como un músculo del alma. La empatía no es una habilidad; es un valor. La empatía comienza con escuchar, aumenta mediante la escucha activa, y entonces viaja mucho más allá del escuchar hasta llegar a un entendimiento profundo. Es entonces cuando comienza la transferencia en la dirección opuesta. La empatía no es cuestión de transferir lo que hay en tu interior a otra persona, sino de transferir lo que está dentro de ella a tu interior.

Habrás comenzado el camino de la empatía cuando puedas mirar a otro ser humano a los ojos y decir: "Te entiendo". Sabrás que de ti emana una empatía verdadera cuando la persona pueda responder: "Sé que me entiendes".

Estoy convencido de que todos los seres humanos saludables tienen empatía. Para algunos, el músculo es más pequeño que para otros y debe ser fortalecido. Desarrollar este nivel de empatía puede ser más difícil para alguien que tenga la frecuencia del Comandante o del Profesor. Para el Sanador y el Motivador podría ser más natural.

Si eres una persona a la que la empatía no le resulta natural, comienza con la persona que más amas en el mundo. Si no sabes cómo sentir lo que otros sienten, tu comunicación siempre estará limitada. Sin empatía, estarás caminando a ciegas por la experiencia humana.

COMUNICACIÓN ÓPTIMA

La comunicación óptima se produce cuando hay sinergia entre la autenticidad y la empatía. La autenticidad es la base. Se forma en el *carácter* de la persona que lleva el mensaje. La empatía es la variable. Se forma en la *conexión* del orador con el oyente. La autenticidad es cuánto entregas de ti mismo y la empatía es cuánto recibes del oyente. La autenticidad se basa en la conexión profunda contigo mismo; la empatía se basa en la conexión profunda con los demás.

La frecuencia es el resultado. El nivel y la fuerza de la frecuencia de un orador están determinadas por su autenticidad y su empatía.

CRIATURAS COMPLEJAS

Cuando expresamos nuestra frecuencia sin empatía, disminuimos la fuerza de su impacto. Cuando expresamos nuestra frecuencia sin autenticidad, esta produce una sombra. No debemos ver nuestras sombras como absolutos. Podemos tener intenciones sinceras de ayudar a los demás, y aun así de vez en cuando hablar desde nuestra sombra y no desde nuestra luz. Esto puede ocurrir por muchas razones.

Puede ser tan simple como el miedo a ser conocido. Puede ser el resultado del éxito que hayamos conseguido a pesar de habernos puesto una máscara. Puede ser también que tengamos la valentía de ser vulnerables en algunas áreas de nuestra vida, pero en otras no. Los seres humanos somos criaturas complejas, y nuestra manera de expresarnos simplemente no es blanca o negra.

Podrías incluso encontrarte viajando de tu sombra a tu luz en una misma conversación o presentación. Todos somos susceptibles a actuar o presentar una imagen concreta. Además, todos somos vulnerables a sentirnos inadecuados y desprotegidos, y podemos decidir protegernos a nosotros mismos. Podemos ser tentados a tomar atajos hacia el éxito y utilizar nuestras sombras para nuestro propio beneficio. Por desgracia, todos podemos conocer el poder al que podemos tener acceso mediante nuestras sombras para conseguir nuestros resultados deseados.

Desde mi perspectiva, la comunicación que se usa para cualquier medio destructivo no es auténtica y está corrompida. Por ejemplo, no consideraría la mentira como comunicación. Mentir no crea comunión sino separación y aislamiento. La meta de la comunicación es la conexión. La mentira quiere control, no comunicación, y el control es lo opuesto a la conexión. La falta de honestidad es un enemigo de la comunicación. El engaño es un enemigo de la comunicación. La manipulación es un enemigo de la comunicación.

DESCUBRE TU YO AUTÉNTICO

Al director de cine Steven Spielberg le pidieron que nombrara una película favorita que no hubiera dirigido él. La película que escogió fue *Lawrence de Arabia,* una extraordinaria epopeya grabada en 1962. A Spielberg le gustaba *Lawrence de Arabia* porque el personaje principal, T.E. Lawrence, era un oficial al mando, de gran renombre, que luchaba con conocerse a sí mismo. A pesar de su gran fondo cinematográfico y presupuesto, la película es un retrato íntimo de la angustia de Lawrence. Lawrence vivía con un extraordinario sentimiento de soledad porque solamente se conocía a sí mismo a través de la percepción de los demás. La película es un recordatorio brillante de que tal vez nuestro mayor logro en la vida es conocer nuestro yo auténtico.

Descubrir tu yo auténtico es una decisión que debes tomar. Mientras seas cautivo de las opiniones de los demás, tu identidad será moldeada principalmente por lo que los demás digan y piensen de ti. Para conocerte a ti mismo debes llegar al punto en el que lo que otras personas digan sea irrelevante para tu identidad. Es un proceso de por vida, y no digo que sea fácil.

Cuando decides perseguir la autenticidad, te liberas de una vida en la que debes cuidar una imagen. No tienes que vivir preocupado, afectado o moldeado por el juicio de otras personas.

Debería advertirte. Cuando comienzas a conocerte, puede que al principio no te gustes. Todo el mundo supone que cuando descubres quién eres, te gustará lo que hayas encontrado. Puede que te encuentres cara a cara con la persona de la que has estado huyendo toda tu vida. El proceso hacia la autenticidad comienza en el momento en que estés dispuesto a hacer el trabajo duro de convertirte en la mejor versión de ti.

El crecimiento puede evitarse cuando estamos satisfechos con fingir que somos otra persona. Con el tiempo, eso pasa factura. Intentar ser lo que no somos es demasiado agotador. A veces hacemos eso porque estamos atrapados en el autodesprecio. Puede que nos guste más lo que la gente dice que somos que lo que sabemos que somos.

Encontrar tu voz auténtica es aceptar el hecho de que cuando te ves a ti mismo, puede que no te guste todo. A la luz de esto, debes aprender a amarte a ti mismo. Es posible amarse a uno mismo y aun así que no te encante todo sobre ti. Lo importante es que estés dispuesto a cambiar como ser humano.

Para ser un gran comunicador no tienes que ser perfecto, pero sí tienes que ser auténtico. Cuando aceptes tu humanidad con todas sus imperfecciones, encontrarás tu voz auténtica.

La sinergia entre la autenticidad y la empatía es innegable. Cuando avanzas para parecerte más a tu yo auténtico, tu empatía aumentará de modo natural. Tu frecuencia siempre revelará tu nivel de autenticidad y empatía. Cuanto más profundas sean tu autenticidad y empatía, más poderosa será tu frecuencia. Si aspiras a ser un gran comunicador, antes tienes que ser un gran ser humano. Encuentra tu voz. Después, declara vida al mundo.

TRANSFERENCIA

Esencia

Hay un texto antiguo que ha dado forma a tres de las religiones más dominantes del mundo: el judaísmo, el cristianismo y el islam. También contiene la cosmovisión de la que surgieron la Ilustración y la Era Moderna de la ciencia.

Los cinco libros conocidos como la Torá comienzan con el libro de Génesis. Las primeras palabras recogidas en Génesis, capítulo uno, se atribuyen al propio Dios.

El acto creativo mediante el cual todo el universo comienza a existir inicia con el poder de la palabra hablada.

Comienza con una declaración:

"Hágase la luz".

Independientemente de que leas este relato del inicio de todas las cosas como historia o como mitología, la intención de esta historia sigue siendo cierta.

La creación comienza cuando las palabras la hacen realidad.

Todo el universo es la manifestación de lo que Dios ordenó que existiera con sus palabras.

Desde el principio de la revolución científica, estas palabras parecían más un mito que una realidad.

La posibilidad de que la luz existiera antes que la materia parece más poética que probable.

Sin embargo, ahora sabemos que todo el universo es la materialización de la energía, de la luz.

Para mí, el hecho de que las mismas Escrituras nos digan que fuimos creados a imagen de Dios no es cualquier cosa.

Nosotros también tenemos el poder de dar existencia a la realidad con las palabras.

El secreto del poder de la manifestación es que nuestras palabras no cambian el mundo que nos rodea, más bien cambian nuestro universo interior.

No dejes que esta afirmación te lleve a subestimar el poder que tienes para cambiar el mundo que te rodea. El universo que ha sido creado en tu interior tiene el poder de cambiar el mundo a tu alrededor e incluso crear un futuro que solo tú puedes imaginar.

Nuestras palabras son poder. Las palabras moldean quiénes somos.

La comunicación no es cuestión solo de transmisión; es cuestión de transferencia.

La comunicación en su nivel más profundo no es compartir ideas, sino compartir nuestra esencia.

La comunicación es nuestra manera de infundirnos vida los unos a los otros.

La comunicación es la transferencia de la esencia de un alma a otra.

La comunicación es un acto espiritual.

Las palabras que decimos tienen un poder sobre el cual debemos tomar responsabilidad. Lo que te dices a ti mismo dará forma a la persona en la que te conviertas. Lo que digas a los demás dará forma al impacto que tengas sobre el mundo que te rodea.

Nuestras palabras crean universos en las almas de quienes nos rodean. Cuando hablas, estás creando.

El poder de la vida y la muerte está en tus labios. Tu lengua lo guía y tu aliento le da vida.

Cada uno de nosotros está haciendo una de dos cosas: declarando que sea la luz o rindiéndonos a una siniestra oscuridad.

Las palabras nos unen y también nos enredan. Cuando sentimos que nadie nos escucha, nos sentimos solos. Tal vez por eso estamos tan desesperados porque nos escuche la mayor cantidad de gente posible. Es curioso que nos sintamos más afirmados al tener miles de seguidores que no nos conocen que al tener una persona que nos conoce realmente bien.

Solo podrás encontrar tu voz cuando te conozcas a ti mismo, y solo podrás conocerte a ti mismo de verdad cuando te sientas comprendido. No puedes amar a otro ser humano si no anhelas comprenderlo.

Sin comunicación no hay conexión, y sin conexión estaremos a la deriva hacia el abismo de la soledad. Hay un lenguaje que es más profundo que las palabras, pero solo puede conocerse cuando nuestras frecuencias están afinadas.

Con mi entendimiento simple de la realidad he cambiado mi propia opinión sobre lo que significa ser humano. Cuando era joven, pensaba en nosotros como la composición de carne, sangre y huesos.

Más adelante en mi vida comencé a vernos como una composición compleja de agua, tierra, viento y fuego. Recientemente, he comenzado a vernos mediante el patrón de partículas y ondas. Si nuestras partículas nos enredan, entonces nuestras ondas nos expanden.

Antes pensaba que nuestra piel debía tocar para poder tener una conexión profunda e íntima. Ahora sé que mi alma viaja tan lejos como lo hacen mis ondas.

Tus ondas sonoras no solo envían tus pensamientos e ideas. Tus ondas sonoras son una extensión de ti.

Yo tengo dos brazos. No son solo una extensión de mí, son parte de quién soy. Mis brazos están tan vivos como yo. Lo mismo es cierto de mis dos piernas, así como de mi corazón y mi cerebro. Nunca diríamos que las partes de las que estamos compuestos no están vivas. Están vivas porque nosotros estamos vivos. Nosotros estamos vivos porque ellas están vivas. Si mi corazón muere, yo muero.

Está claro que hay partes de nosotros que son más esenciales para la vida. Puedo vivir sin una mano, pero no puedo vivir sin mi corazón. Tendemos a pensar en nuestras palabras como una extensión no esencial de quiénes somos; como si fueran menos importantes que nuestros folículos capilares.

Tus palabras están más íntimamente conectadas a tu esencia que tu corazón o tu cerebro.

Están conectadas a tu alma. Sea cual sea tu esencia principal, este es el lugar del que vienen tus palabras. Tus palabras están tan vivas como tú.

Al menos en un sentido poético, mientras tus palabras puedan hablar tú seguirás vivo. Si tu voz nunca se queda en silencio, la muerte nunca podrá conquistarte.

Irónicamente, en el primer capítulo del libro de Juan se describe a Jesús como la Palabra. En esencia, era la manifestación física de los pensamientos y las palabras de Dios.

Sería una tragedia vivir tu vida hablando en una frecuencia que otros no pueden oír. Si no aprendemos a escuchar, nunca sabremos cómo ser escuchados. Entender tu frecuencia no es un proceso autocomplaciente; es esencial para la conexión humana.

Todos nosotros queremos que los demás nos entiendan.

Tal vez sería más importante que aprendiéramos la habilidad de entender a los demás.

Lo hermoso es que puedes confiar en lo siguiente: hay personas en el mundo que necesitan escuchar el mensaje que te ha sido confiado en la frecuencia en la que hablas con más naturalidad. Estoy convencido de que todos nosotros tenemos una capacidad ilimitada para dominar el espectro completo de la comunicación y la conexión humanas.

Las siete frecuencias llevan en su interior el maravilloso espectro y los colores brillantes de la comunicación humana. Este es el lenguaje oculto de la conexión humana.

El regalo que todos podemos hacer a los demás es aprender a escuchar las frecuencias desde las cuales la gente habla con comprensión y sin juicio.

La meta de una buena comunicación es la conexión. Los grandes comunicadores crean una transferencia. Cuando encuentras tu voz, encuentras tu poder. Cuando dominas tu frecuencia, desatas el poder creativo que reside en tu interior. Al final, lo que espero es que al desatar el poder de las siete frecuencias liberemos el poder de declarar vida los unos a los otros.

Hay personas que tienen oído absoluto. Pueden escuchar una nota y saber exactamente cuál es, e incluso reproducirla. Imagina tener oído absoluto cuando se trata de escuchar la frecuencia de aquellos que están intentando desesperadamente conectar contigo.

Cuando puedas escuchar la frecuencia de alguien, le estarás dado a esa persona un regalo increíblemente hermoso e íntimo. Cuando escuchas su frecuencia, esa persona se sentirá totalmente escuchada y apreciada.

La comunicación en su nivel más humano no es solamente la transferencia de ideas, sino también de esperanza y amor.

Como dije cuando comenzamos esta conversación, creo que las palabras son mágicas. Sin embargo, son mucho más. Son vida.

Reconocimientos

Me gustaría expresar mi más profundo agradecimiento a todas las personas que desempeñaron un papel en hacer que *Las Siete Frecuencias de la Comunicación* cobre vida.

En primer lugar, quiero dar las gracias a mi Comandante favorita: mi esposa Kim. Nos has guiado con confianza en aguas tormentosas y también calmadas.

A mi familia: Aaron, Mariah, Jake y Juno Boogie; quiero vivir en su longitud de ondas. Estudio las frecuencias de la comunicación para poder decirles lo mucho que los amo y los aprecio.

A mi equipo de Arena Publishing: Aaron C. McManus (nuestro CEO), Austin St. John, Alisah Duran y Brooke Figueroa; gracias por su compromiso por elevar y equipar a otros para romper cualquier techo y vivir la vida que fueron creados para vivir.

A mi equipo de Mosaic, gracias por su trabajo incansable para comunicar la frecuencia de la esperanza por todo el mundo a aquellos que más necesitan escucharla.

Tess Roy, gracias por regresar y unirte a nuestro equipo creativo para el diseño de cubierta. Creas desde la frecuencia de la excelencia y la belleza.

Gracias a Xavier Cornejo por tu amistad, guía y experiencia, y a Anchor Distributors por ayudarnos a distribuir este libro por todo el mundo.

Acerca del autor

Erwin Raphael McManus es arquitecto mental, cultural y de la vida, y galardonado autor y artista. Sus libros han vendido más de un millón de ejemplares y se han traducido a más una decena de idiomas. Como comunicador reconocido mundialmente, McManus ha hablado a millones de personas en más de 100 países en seis continentes, en estadios que albergaron hasta cien mil personas. Su ingenio creativo ha dado como resultado un trabajo de consultoría con organizaciones que van desde la NFL hasta el Pentágono.

McManus ha pasado los últimos treinta años aconsejando y siendo *coach* de numerosos CEO, deportistas profesionales, celebridades, empresas multimillonarias, universidades y líderes mundiales, y le apasiona ayudar a las personas a destruir sus limitaciones internas y desatar su genio personal.

Nativo de El Salvador, McManus también es reconocido internacionalmente por ser el fundador y pastor principal de Mosaic, un movimiento espiritual que ha inspirado a millones de personas en todo el mundo. Él y su esposa Kim también lideran trabajo humanitario en todo el planeta. McManus aconseja a líderes, emprendedores y comunicadores en todo el mundo mediante *McManus Mastermind* y fue cofundador de *The Arena,* una comunidad mundial de aprendices y líderes enfocada en los tres pilares de comunicación, liderazgo y carácter, junto con su hijo Aaron C. McManus.

Para descubrir más de Erwin McManus, incluyendo su trabajo innovador en *Las Siete Frecuencias de la Comunicación,* visita www.erwinmcmanus.com.

Las 7 cosas que puedes hacer si te gustó este libro:

1. Comparte tu opinión sobre *Las Siete Frecuencias de la Comunicación* y etiquétame como @erwinmcmanus. Toma en cuenta que las próximas seis actividades son en idioma inglés.

2. Si no lo has hecho aún, desata tu frecuencia dominante tomando nuestro cuestionario de *Las Siete Frecuencias de la Comunicación* disponible en www.thesevenfrequencies.com.

3. Únete a *The Arena,* una comunidad de personas con mentalidad similar que buscan entender el arte de la comunicación y crecer en su liderazgo. Más información en www.thearenasummit.com.

4. Acompáñanos en la conferencia Arena. Más información en www.thearenasummit.com/conference.

5. Escucha mi *podcast Mind Shift,* que presento junto a Aaron C. McManus en www.erwinmcmanus.com/podcasts.

6. Explora el *podcast* de Mosaic si quieres escuchar mensajes que inspirarán y transformarán tu mundo interior en www.mosaic.org/podcast.

7. Echa un vistazo a mis otros libros en www.erwinmcmanus.com haciendo click en la pestaña BOOKS.

Puedes encontrar mis libros en español en https://www.espanolwh.com/book-authors/erwin-raphael-mcmanus/